Ulrike Gerold / Wolfram Hänel
Jojo und der verschwundene Hund

AF217463

Ulrike Gerold / Wolfram Hänel

Jojo

und der verschwundene Hund

Mit Illustrationen von Christian Effenberger

Hase und Igel®

Für Lehrkräfte gibt es zu diesem Buch
ausführliches Begleitmaterial beim Hase und Igel Verlag.

© 2012 Hase und Igel Verlag GmbH, München
www.hase-und-igel.de
Lektorat: Sandra Hummel-Kuhn, Mareike Dreizner
Druck: CPI – Ebner & Spiegel, Ulm

ISBN: 978-3-86760-152-8
2. Auflage 2020

Inhalt

1. Kapitel
Das Rasenmäherrennen

„Cadillac 62!", brüllt Jannis. „330 PS, 6384 Kubik, Hydromatik-Getriebe, 175 Stundenkilometer, brr brrrmmmbrr brrm brrrr ..." Er rast haarscharf an Jojo vorbei und quer über den Rasen, bis der Rasenmäher an einem Maulwurfshügel festhängt.

„Boxenstopp", erklärt Jannis grinsend und wedelt sich ein bisschen frische Luft unter sein Totenkopf-T-Shirt.

Jetzt ist Jojo dran.

„Ford Mustang!", brüllt er und rennt los. „220 PS, 6769 Kubik, Torqueflite-Automatik, 189 Stundenkilometer, brrrommm, brrrooommm ..." Er kurvt in einem engen Bogen an Jannis vorbei. Die abgeschnittenen Grashalme spritzen in alle Richtungen. Kurz vor der Hecke reißt Jojo den

Rasenmäher herum. Für einen Moment dreht sich das rechte Rad leer in der Luft. Dann stolpert Jojo und fliegt der Länge nach hin. Der Rasenmäher kracht klappernd neben ihm zu Boden.

„Totalschaden", stellt Jannis fest und grinst noch breiter.

Jojo rappelt sich hoch. Auf den Knien seiner neuen Cargohose sind zwei grüne Grasflecken. Jojo kann reiben so viel er will, die Flecken verschwinden trotzdem nicht. Egal, denkt er. Dann sieht seine Mutter wenigstens, dass sie wirklich gearbeitet haben. Und wenn Jannis und er erst einmal richtig Geld mit Rasenmähen verdienen, können sie sich sowieso so viele neue Hosen kaufen, wie sie wollen. Jeden Tag eine! Mindestens. Und zwar jeder von ihnen.

Sie sind bei Jannis im Garten. Eigentlich wollten sie längst fertig sein mit dem Rasen. Aber so leicht ist Rasenmähen nun auch wieder nicht. Vor allem, wenn man nur zwei alte Handmäher hat, die an jedem Maulwurfshügel gleich fest-

hängen. Oder in jeder Kurve umkippen. Überhaupt könnte man seine Zeit sinnvoller verbringen als ausgerechnet damit, Rasen zu mähen. Man könnte zum Beispiel im neuen Schwimmbad sein und mit einer Bombe vom Einer springen. Oder die Wasserrutsche ausprobieren. So wie Fabian wahrscheinlich gerade, der bestimmt schon auf sie wartet.

Fabian ist ihr Freund. Das heißt, eigentlich ist er der Freund von Jannis. Die beiden kennen sich

schon seit Ewigkeiten. Aber seit Jojo aus der Stadt nach Burgdorf gezogen ist, sind sie jetzt alle drei miteinander befreundet.

Und alle sind neun Jahre alt. Bis auf Jannis, der ist schon zehn. Außerdem wohnen sie alle in der gleichen Straße und sie sind auch noch so etwas wie echte Detektive!

Sie haben sogar ein Versteck. In einem alten Doppeldeckerbus aus London, der auf dem Schrottplatz nicht weit von ihrer Siedlung entfernt steht. Der Bus ist nicht nur ihr Versteck, sondern auch ihr Büro. In dem sie in aller Ruhe ihre Fälle knacken können, ohne dass sie von irgendjemandem bei der Arbeit gestört werden. Wenn sie eins und eins zusammenzählen, bis sie die Lösung gefunden haben.

Sie haben übrigens tatsächlich schon einmal einen Fall gelöst. Als nämlich Jojos Fahrrad gleich nach dem Umzug verschwunden war! Dass sie die Täter erwischt haben, war allerdings eher Zufall. Und das hatte wiederum etwas mit Fabian zu tun. Oder vielmehr mit den beiden kleinen Brüdern von Fabian, den beiden Zahnlücken, wie sie von allen nur genannt werden. Und mit Pia. Das ist Fabians große Schwester, nur dass Fabians Vater nicht der Vater von Pia ist. Weil Pias Vater nämlich abgehauen ist. Und außer den beiden Zahnlücken gibt es auch noch Alex, den großen Bruder von Fabian und Pia. Und noch eine kleine Schwester, die aber noch ein Baby ist und immer nur schreit. Das Ganze ist irgendwie echt kompliziert. Jojo hat auch eine ganze Weile gebraucht, bis er es kapiert hat. Aber eigentlich ist es auch egal. Wichtig ist nur, dass Jojo und Jannis und Fabian seit Ende der Sommerferien in der gleichen Klasse sind. Zusammen mit Pia, die nämlich sitzen geblieben ist.

Aber im Moment müssen Jojo und Jannis erst einmal mit dem Rasen fertig werden. Um Geld zu verdienen! Wahrscheinlich hätten sie den Job auch schon längst erledigt, wenn Jannis nicht auf die Idee gekommen wäre, so zu tun, als hätten sie keine klapprigen Rasenmäher, sondern echte amerikanische Straßenkreuzer. Wie die in dem alten Autoquartett von Jannis' Vater: riesige chromglänzende Dinger mit Kotflügeln, die aussehen wie Haifischflossen. Als Jannis' Vater noch in Amerika war, hatte er einen echten Cadillac 62, hat Jannis erzählt. Jojo hat auch nicht lange überlegt, sondern sich gleich den Ford Mustang aus dem

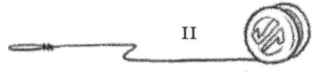

Quartett ausgesucht. Einen roten Ford Mustang. Genau so einen, wie ihn sein Onkel hat. Onkel Harry, der in New York wohnt und ein richtiger Privatdetektiv ist. „A private eye", wie die Amerikaner sagen.

Aber nachdem sie nun erst den Cadillac und dann auch noch den Mustang an den Maulwurfshügeln zu Schrott gefahren haben, sieht der Rasen hinter Jannis' Haus jetzt aus, als hätten Frankenstein und seine Monsterfreunde versucht, Fußball zu spielen.

„Was wir brauchen, ist so ein Teil, wo man drauf sitzen kann", erklärt Jannis und tritt ärgerlich gegen seinen Rasenmäher-Cadillac. „Wo man nur noch loszufahren braucht und fertig."

Jojo nickt. Obwohl er sich nicht ganz sicher ist, ob Jannis' Garten wirklich groß genug wäre für einen Rasenmäher zum Draufsitzen. Wahrscheinlich würden sie dann auch gleich noch die Büsche am Rand abmähen.

„So kommen wir jedenfalls nicht weiter", erklärt Jannis noch einmal. „Das können wir vergessen. – Aber es war ja sowieso nicht meine Idee", setzt er dann hinzu.

„Hä?", fragt Jojo verblüfft.

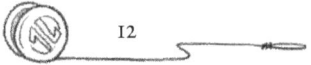

„Du wolltest doch unbedingt, dass wir in der ganzen Siedlung Rasen mähen! Du hast sogar behauptet, dass wir damit in kürzester Zeit so was wie Millionäre werden. Ich hab nur mitgemacht, weil ich dich nicht alleinlassen wollte. Und jetzt kriege ich wahrscheinlich auch noch Ärger …" Jannis zeigt empört auf die Grünfläche. „Das hat man nun davon, wenn man ein Kumpel ist."

„He, warte mal! Was soll das denn? Spinnst du jetzt?" Jojo ist sauer. Manchmal geht ihm Jannis gewaltig auf den Wecker! Am liebsten würde er einfach alles stehen und liegen lassen und abhauen. Soll Jannis doch machen, was er will.

Aber Jannis grinst nur. „Vergiss es, Alter", sagt er dann, „war nur ein Witz."

„Sehr witzig", meint Jojo. „Aber pass auf", fügt er dann hinzu, „ich hab eine Idee. Wir gehen jetzt einfach zu Fabian rüber und bieten seinen beiden kleinen Brüdern drei Euro, wenn sie den Rasen fertig mähen. Und wir können schon mal ins Schwimmbad gehen."

„Aber … mein Vater hat gesagt, er gibt uns fünf Euro."

„Na und, das wissen die beiden Zahnlücken doch nicht", grinst Jojo. „Macht zwei Euro für

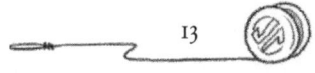

uns, ohne dass wir auch nur den kleinen Finger krumm zu machen brauchen!"

„Nicht schlecht", staunt Jannis und nickt. „Das könnte klappen."

„Das klappt garantiert." Jojo boxt Jannis gegen den Arm. „So wird man Millionär, Alter!"

„Warte mal", überlegt Jannis. „Und wenn wir ihnen nur zwei Euro bieten, ich meine …"

„Man soll nichts übertreiben", sagt Jojo und schüttelt den Kopf. „Fairplay, verstehst du?"

Sie lassen die Rasenmäher mitten auf dem halb gemähten Rasen liegen und wollen gerade über die Straße zu Fabians Haus laufen, da kommt er ihnen entgegen.

„Euch suche ich", sagt Fabian.

„Ich denke, du bist im Schwimmbad!", platzt Jannis heraus. „Wir wollten auch gerade los."

„Ich war schon halb da", nickt Fabian, „aber dann habe ich Opa Pfennig gesehen, wie er am Supermarkt gerade in den Bus steigen wollte. Im Schlafanzug und mit seinem Hut auf dem Kopf."

„Und?", wollen Jojo und Jannis wissen.

„Nichts und", meint Fabian. „Aber es war ja klar, dass ich ihn erst mal nach Hause bringen musste."

Opa Pfennig wohnt mit seiner Frau zwei Häuser neben Jojo. Er ist schon ziemlich alt und irgendetwas stimmt nicht so ganz mit ihm. „Opa Pfennig hat eine Macke", hat Jannis Jojo gleich bei ihrer zweiten Begegnung erklärt. Aber inzwischen hat Jojo mit seinen Eltern darüber gesprochen und weiß nun, dass Opa Pfennig krank ist. Er bringt alles durcheinander und manchmal weiß er nicht einmal mehr, wo er wohnt. Deshalb passen alle in der Straße ein bisschen auf ihn auf und bringen ihn nach Hause, wenn er sich verlaufen hat. Oder wenn er im Schlafanzug in die Stadt fahren will.

„Gut, du hast also Opa Pfennig nach Hause gebracht", sagt Jojo jetzt. „Alles klar. Aber du willst doch noch irgendwas anderes erzählen, oder?"

Fabian grinst und zuckt mit den Schultern. So, als wüsste er nicht, was Jojo meint. Aber Jojo und Jannis merken ganz genau, dass Fabian noch eine Neuigkeit auf Lager hat und es nur möglichst spannend machen will.

„Und?", fragen sie noch einmal genervt.

Fabian kickt einen Stein quer über den Fußweg. Dann dreht er den Schirm seiner Baseballmütze nach vorn. Und wieder nach hinten. Schließ-

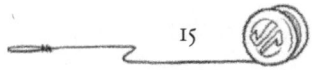

lich fragt er: „Wie wäre es eigentlich, wenn wir uns so ganz nebenbei ein bisschen Geld verdienen würden? Wir drei, meine ich. Und gleichzeitig auch noch jede Menge Spaß hätten!"

„So was Ähnliches haben wir uns auch gerade überlegt", sagt Jojo. Aber bevor er weiterreden kann, verpasst ihm Jannis einen Stoß mit dem Ellbogen. „Warte mal", sagt er zu Fabian. „Wenn das darauf hinausläuft, dass wir auf Opa Pfennig aufpassen sollen, dann mache ich nicht mit. Das ist mir zu anstrengend. Und Spaß macht das auch nicht, Mann! Der hat doch eine Macke, und das ist nicht witzig, echt nicht!"

„Hab ich irgendwas von Opa Pfennig gesagt?", entgegnet Fabian.

„Sondern?", fragt Jojo, der jetzt langsam wirklich gerne wüsste, worum es überhaupt geht.

„Es hat was mit Aufpassen zu tun. Und es hat nichts mit Opa Pfennig zu tun, habe ich ja schon gesagt. Aber andererseits doch wieder. Und wir müssen dabei ziemlich viel rumlaufen. Aber dafür können wir auch überall hin, wohin wir wollen, weil sich keiner mehr an uns rantrauen wird. Wir könnten sogar nachts in der Stadt rumlaufen und uns würde nichts passieren!"

„Hä?", macht Jannis. „Kapier ich nicht."

„Aber ich", grinst Jojo plötzlich. „Kann es sein, dass das, worauf wir aufpassen sollen, ziemlich lange Haare hat? Und dass wir vielleicht besser eine Leine mitnehmen, damit Das-mit-den-langen-Haaren uns nicht abhaut?"

„Lange Haare? Leine?", fragt Jannis. Dann brüllt er los: „He, jetzt hab ich's! Ihr redet von Monster, stimmt's? Cool! Hammer! Ich bin dabei!"

2. Kapitel
Ein Fall für echte Detektive

Monster ist ein Hund. Er gehört dem Sohn von Opa Pfennig. Monster ist ziemlich groß und hat ziemlich lange Haare, die ihm bis über die Augen hängen. Und außerdem frisst er alles, was irgendwie fressbar ist! Der Hund natürlich, nicht der Sohn von Opa Pfennig.

Jeder in der Siedlung kennt Monster. Und jeder weiß, dass Monster niemals irgendjemandem irgendetwas tun würde. Am Anfang hat Jojo noch gedacht, Monster wäre vielleicht wirklich gefährlich. Ein Monster eben! Aber dann haben ihm die anderen erklärt, worum es eigentlich geht. Dass der Sohn von Opa Pfennig unbedingt einen Hund haben wollte, der den Supermarkt bewacht. Er ist nämlich der Filialleiter des Supermarkts eine

Straße weiter. Also hat er sich den größten Hund gekauft, den er kriegen konnte, und ihn Monster genannt. Damit alle Angst haben und kein Einbrecher auf die Idee kommt, in den Supermarkt einzusteigen. Dass Monster einmal so gefährlich werden würde wie das Baby aus Fabians Familie, konnte der Sohn von Opa Pfennig ja nicht wissen.

Der Sohn von Opa Pfennig heißt übrigens Pfennig Junior. Zumindest nennen ihn alle so. Obwohl er mindestens so alt ist wie Jojos Vater. Pfennig Junior wohnt über dem Supermarkt und wenn er mit Monster spazieren geht, guckt er meistens auch gleich bei seinen Eltern vorbei. Bei Opa Pfennig und seiner Frau also.

„Jetzt sag endlich!", drängelt Jannis. „Wie ist das jetzt mit Monster?"

Grinsend erzählt Fabian, wie er Opa Pfennig nach Hause bringen wollte. Und dass er dabei Pfennig Junior getroffen hat, der schon auf der Suche nach seinem Vater war.

„Der war total froh, als ich da mit Opa Pfennig ankam", erklärt Fabian. „Ist ja klar. Und dann hat er gesagt, dass er langsam nicht mehr weiß, was er noch machen soll. Weil es mit seinem Vater immer schlimmer wird. Und weil er abso-

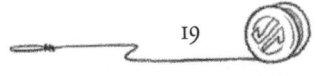

lut keine Zeit hat, sich mehr um ihn zu kümmern. Weil es im Supermarkt so viel zu tun gibt.
‚Wenn ich wenigstens jemanden hätte, der mit
dem Hund spazieren geht', hat er gesagt. Na ja,
und da habe ich uns den Job an Land gezogen!

Ab sofort müssen wir jeden Tag zweimal mit
Monster raus." Fabian guckt auf seine Uhr. „Ich
hoffe, ihr habt noch nichts vor. Wir müssen nämlich gleich los, für die erste Runde. Pfennig Juni-
or wartet schon am Supermarkt. Ich wollte euch
nur schnell abholen."

Sie machen sich auf den Weg. Als sie um die Ecke biegen und an der Tankstelle vorbeikommen, sagt Fabian: „Wir brauchen natürlich unbedingt ein Trainingsprogramm für Monster. Ich hab mir auch schon was überlegt. Als Erstes müssen wir Monster ‚Sitz‘ und ‚Platz‘ beibringen."

„Und dann auch noch ‚tot‘", meint Jojo.

„Was ist ‚tot‘?", will Jannis wissen.

„Einfach zur Seite kippen und sich nicht mehr rühren", erklärt Jojo. „Ungefähr so, als würde ich mit meinem Jo-Jo einen Sleeper werfen."

„Das ist gut", sagt Fabian. „Falls wir mal in eine gefährliche Situation kommen."

„Verstehe", nickt Jannis. „Damit wiegen wir die Gangster erst mal in Sicherheit. Und dann rufen wir ‚Fass!‘, und Monster springt auf und …"

„An ihnen hoch und – leckt sie von oben bis unten ab", grinst Fabian.

„Und weil sie damit natürlich nicht rechnen", erklärt Jannis, „kriegen sie Panik und schreien um Hilfe. Aber sie trauen sich auch nicht wegzurennen, weil Monster sie dann sofort umwerfen würde!"

„Genau. Und wir können in aller Ruhe die Polizei holen, die sie dann abführt."

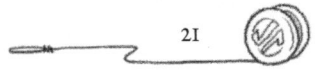

„Hammer!", sagt Jannis.

„Was für Gangster überhaupt?", will Jojo wissen.

„Irgendwelche", sagt Fabian, „ist doch egal. Und zum Üben nehmen wir einfach meinen großen Bruder und seine blöden Kumpels."

Fabians großer Bruder heißt Alex. Er ist schon 14 und am Anfang hatte Jojo immer Angst vor ihm. Als Jojo noch ganz neu in der Siedlung war, haben Alex und seine Kumpels ihm sogar seine Chicago-Mütze wegnehmen wollen, die er von Onkel Harry aus Amerika bekommen hat! Aber inzwischen verstehen sie sich eigentlich ganz gut. Was vor allem damit zu tun hat, dass Jojo ein paar Tricks mit seinem Jo-Jo kann, die sonst keiner hinkriegt. Auch Alex und seine Kumpels nicht.

Fabian zeigt auf die Imbissbude, an der sie gerade vorbeikommen. *PIZZIGRILLI – Indische und italienische Spezialitäten,* steht mit Klebebuchstaben an der Tür. Wie üblich stehen Alex und die anderen Großen vor der Bude und wissen nicht, was sie machen sollen. Außer den halben Tag Pommes mit Majo in sich reinzuschaufeln. Die andere Hälfte verbringen sie meistens damit, jeden doof anzumachen, der zufällig an ihnen vorbeikommt.

„He, Jojo!", ruft Alex. „Hast du wieder einen neuen Trick, den du uns zeigen kannst?"

„Morgen vielleicht", antwortet Jojo ganz cool. „Heute habe ich keine Zeit."

„Aber haltet euch schon mal bereit", sagt Fabian mindestens genauso cool. „Wir haben nämlich bald einen Job für euch!"

„Was?", macht Alex verblüfft und verschluckt sich fast an seinen Pommes. Die anderen beiden sehen auch nicht viel intelligenter aus. Sie gucken mit offenen Mündern hinter Jojo und seinen Freunden her.

Während die drei quer über den Parkplatz des Supermarkts laufen, erzählt Fabian eine Geschichte von seinem Vater. Fabians Vater ist Polizist und hat einen Kollegen, der bei der Polizeihundestaffel ist. „Da brauchen sie immer irgendwelche Leute, die als Einbrecher verkleidet über einen Zaun klettern", erklärt Fabian, „oder über eine Mauer, oder so. An den Leuten müssen die Hunde dann zum Beispiel üben, wie man einen Einbrecher in den Arm beißt. Mein Vater sagt, Einbrecher für die Hundeausbildung zu spielen, ist der schlimmste Job, den sie bei der Polizei haben."

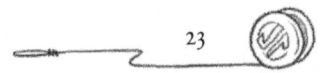

„Logisch", nickt Jannis. „Ich freu mich schon drauf, dass Monster sich auf deinen Bruder stürzt."

Jojo weiß, dass Jannis nicht besonders gut auf Alex zu sprechen ist, weil der ihm einmal ein Päckchen Schokoladenzigaretten weggenommen hat. Außerdem sagt er immer „Moppel" zu Jannis. Obwohl Jannis gar nicht so dick ist. Er sieht nur so dick aus, weil er immer zwei oder drei T-Shirts übereinander anzieht. Auch im Sommer, egal, wie heiß es ist.

Trotzdem ist Jojo nicht ganz wohl dabei, wenn er sich vorstellt, wie Monster Alex über den Hundeplatz jagt. Und ihn dann aus Versehen wirklich noch beißt! „Vielleicht sollten wir Alex vorher warnen", schlägt Jojo vor. „Damit er sich wenigstens einen alten Pullover um den Arm wickeln kann, oder so."

„Klar", meint Fabian, „das müssen wir sogar. Anders geht es nicht. Wäre ja sonst auch fies. Immerhin ist er ja mein Bruder."

„Schade eigentlich", sagt Jannis.

Sie gehen an der Halle vorbei, in der man die leeren Flaschen abgeben kann. Dahinter ist der Zwinger, den Pfennig Junior extra für Monster

aufgestellt hat, damit jeder sehen kann, dass der Supermarkt von einem Hund bewacht wird. Was natürlich völliger Quatsch ist, weil Monster normalerweise bei jedem, der vorbeikommt, nur schwanzwedelnd aufspringt und versucht, ihm übers Gesicht zu lecken. Aber falls wirklich einmal einer kommt, der Monster nicht kennt, funktioniert es vielleicht. Vor allem, wenn er dann auch noch das Schild am Zwinger sieht, auf dem steht: *Vorsicht, extrem bissiges Monster!*

Aber jetzt steht die Zwingertür sperrangelweit offen. Und Monster ist nirgends zu sehen. Dafür aber Pfennig Junior. Er redet aufgeregt mit ein paar Kunden und zeigt dabei immer wieder auf die Gittertür und den leeren Zwinger.

„Ich war nur fünf Minuten im Laden", sagt er gerade, „und habe das Vorhängeschloss nicht zugemacht, weil gleich ein paar Jungen kommen sollten, um mit Monster spazieren zu gehen. – Ach, da seid ihr ja!", ruft er, als er Jojo und seine Freunde sieht. „Habt ihr Monster schon rausgeholt?"

„Nein, wieso?", fragt Fabian. „Wir kommen doch gerade eben erst an."

Auch Jojo und Jannis schütteln die Köpfe.

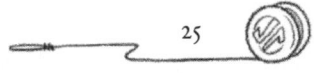

„Ich dachte, dass ihr vielleicht …" Pfennig Junior hebt ratlos die Hände. „Monster ist weg! Einfach verschwunden. Als ich wiederkam, stand die Tür offen und der Hund war weg!"

„Geklaut", stellt einer der Kunden fest. „So was hört man ja immer wieder. Ein klarer Fall für die Polizei, würde ich sagen."

„Dann bleibt mir wohl tatsächlich nichts anderes übrig, als einen Streifenwagen zu rufen", stöhnt Pfennig Junior.

„Bescheuert", brummt Jannis vor sich hin. „Irgendwie wird es nie etwas mit unseren Jobs. Es scheint so, als hätte einer was gegen uns! Kaum sieht es mal so aus, als könnten wir ein bisschen was verdienen und auch noch Spaß dabei haben, wird nichts draus."

„Stimmt", nickt Jojo, „echt bescheuert."

„So werden wir nie Millionäre", stellt Jannis fest. „Und nicht mal Alex kriegen wir jetzt dran!"

„Wartet mal", sagt Jojo plötzlich. Er dreht sich zu Pfennig Junior. „Und wenn wir, also, ich meine, wir könnten doch zum Beispiel rumfragen, ob nicht vielleicht jemand was gesehen hat. Ich und meine Freunde, Jannis und Fabian. Wir arbeiten nämlich manchmal auch als Detektive",

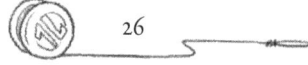

setzt er noch hinzu. „Deshalb wissen wir natürlich, wie man so was macht."

Jannis und Fabian nicken begeistert.

„Genau", sagt Fabian. „Das ist die Lösung!"

Und Jannis ruft: „Als zum Beispiel Jojos Fahrrad verschwunden war, haben wir es auch wiedergefunden. Das waren nämlich …"

„Außerdem ist mein Vater Polizist", unterbricht ihn Fabian schnell. „Wenn wir bis morgen nichts rausgekriegt haben, können wir ihn ja immer noch fragen!"

„Meint ihr wirklich?", fragt Pfennig Junior zweifelnd.

Jannis und Fabian nicken wieder. Als Pfennig Junior Jojo anblickt, nickt er auch schnell. Obwohl Jojo mit seinen Gedanken gerade ganz woanders ist …

Als sein Fahrrad geklaut wurde, hatten ja die beiden Zahnlücken etwas damit zu tun. Und vielleicht … Nein, denkt er gleich darauf. Einen Hund würden sie nie klauen! Wer klaut überhaupt einen Hund? Und wozu? Was will jemand mit einem Hund, der ihm gar nicht gehört? Und den sowieso jeder gleich erkennt, weil Monster ungefähr so auffällig ist wie ein lebendiger Eisbär im Schwimmbad! Es sei denn, überlegt Jojo weiter, irgendjemand hat mit voller Absicht ausgerechnet Monster geklaut. Weil er weiß, dass Monster noch nicht mal einen Hundeklauer beißen würde. Und jetzt will er vielleicht ein Lösegeld für Monster! Vielleicht ist es sogar eine ganze Bande, wie im Fernsehen manchmal. Wahrscheinlich sind

Jojo und Jannis nicht die Einzigen, die möglichst schnell Millionäre werden wollen.

Gedankenverloren hat Jojo sein Jo-Jo aus der Tasche gefischt und lässt es jetzt an seiner Hand auf- und abschnellen.

„He, träumst du?" Jannis wedelt mit der Hand vor Jojos Gesicht herum.

„Was?", fragt Jojo. „N-nein, alles okay", setzt er dann schnell hinzu.

„Also, abgemacht", sagt Pfennig Junior. „Dann hört euch mal ein bisschen um. Vielleicht kriegt ihr ja wirklich was raus."

„Eine Sache wäre da allerdings noch", meldet sich Jannis plötzlich noch einmal zu Wort.

„Ja?"

„Wenn wir Monster wiederfinden, also, ich meine, gibt es dann vielleicht auch eine Belohnung?"

„Ich überleg mir was", verspricht Pfennig Junior.

„Hammer", grinst Jannis und boxt erst Fabian in die Seite und dann Jojo. „Wir haben ihn quasi schon gefunden!"

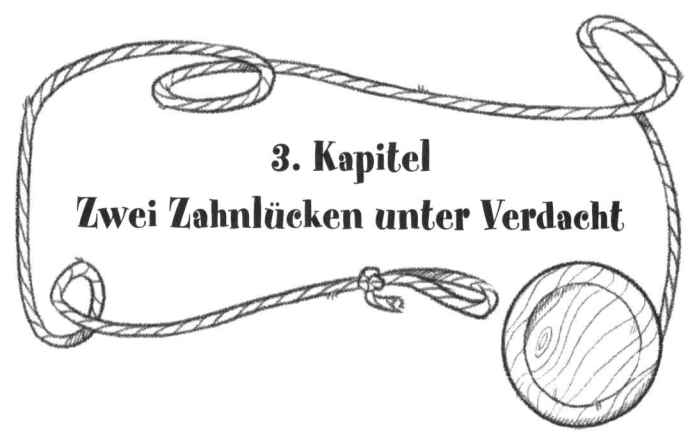

3. Kapitel
Zwei Zahnlücken unter Verdacht

Fünf Minuten später stellen Jojo und seine Freunde fest, dass es überhaupt keinen Zweck hat, die Leute aus dem Supermarkt zu befragen. Entweder sind sie gerade erst gekommen oder schon viel zu lange im Laden.

Jedenfalls hat keiner etwas Verdächtiges gesehen.

Es hilft auch nichts, dass Jojo sein Jo-Jo aus der Tasche zieht und einen Dog vorführt. Er wirft einen kräftigen Sleeper und setzt die rollende Scheibe ganz sanft auf den Boden. Wie an einer Hundeleine rollt sie nach vorn. Jojo bückt sich und läuft hinterher. „Komm, Monster!", ruft er mit verstellter Stimme. „Hierher! Kommst du wohl mit, sofort!"

Plötzlich sagt Fabian: „Ich muss mal schnell nach Hause. Nur ganz kurz. Ich muss da was klären!"

„Hä?", macht Jannis. „Was soll das denn jetzt?"

Er guckt zu Jojo. Jojo zuckt mit den Schultern. Er weiß auch nicht, was Fabian hat.

Aber Fabian rennt schon quer über den Parkplatz.

Jannis verdreht die Augen. „Hinterher", sagt er, „da stimmt irgendwas nicht."

Erst an der Tankstelle holen sie Fabian wieder ein.

„Nun sag schon, Alter", keucht Jannis. „Was ist los? Oder musst du nur mal aufs Klo, oder was?"

Fabian antwortet nicht.

Jannis tippt sich an die Stirn. „Du hast doch eine Macke, aber echt!"

Jetzt sind sie vor Fabians Haus. Noch immer ohne ein Wort zu sagen, reißt Fabian das Gartentor auf und stürmt zu dem Schuppen hinter dem Haus.

Langsam ahnt Jojo, was Fabian vorhat. Offensichtlich hatte er die gleiche Idee wie Jojo vorhin: Fabians kleine Brüder!

Wie üblich hocken die beiden Zahnlücken in dem Schuppen. Fabian reißt die Tür auf. Die bei-

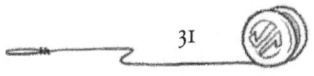

den starren sie erschreckt an und verstecken schnell etwas hinter ihren Rücken.

„Monster ist weg", erklärt Fabian und blickt seine Brüder scharf an. „Wisst ihr irgendwas darüber?"

„Monster?", fragen die beiden Zahnlücken gleichzeitig. „Meinst du den Hund?"

Fabian nickt. „Was wisst ihr darüber?"

„N-nichts", stottern die beiden. „Echt nicht, wir haben nichts damit zu tun. Wir schwören!" Beide heben feierlich die Hand zum Schwur.

Fabian dreht sich zu Jannis und Jojo. Er grinst und sieht so aus, als ob ihm gerade ein großer Stein vom Herzen fällt. „Sie waren es nicht", sagt er. „Ich dachte nur, es wäre in jedem Fall besser, sie erst mal zu fragen. Ihr wisst schon …"

Jojo nickt.

So falsch ist Fabians Überlegung ganz sicher nicht gewesen. Die beiden Zahnlücken sind schließlich bekannt dafür, dass sie nur Unsinn im Kopf haben. Und dass sie so gut wie alles klauen, was sie in die Finger kriegen. Aber mit Monsters Entführung scheinen sie tatsächlich nichts zu tun zu haben. Dazu waren sie eben viel zu überrascht.

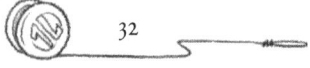

„Und was habt ihr da gerade hinter euch versteckt?", fragt Jannis jetzt.

„Sagen wir nicht", antworten die beiden Zahnlücken im Chor.

„Soll ich erst Pia holen?", droht Fabian und
macht einen Schritt nach vorn.

Es funktioniert. Die beiden Zahnlücken schütteln schnell die Köpfe. Vor Pia haben sie eindeutig Angst. Wahrscheinlich, weil ihre große Schwester echt sauer werden kann, wenn man sie belügt,
denkt Jojo. Sogar Fabian hat manchmal ein bisschen Angst vor Pia. Jedenfalls zieht Robert eine
Radkappe hinter seinem Rücken hervor. Robert
ist die eine Zahnlücke. Die andere heißt Karl.
Karl streckt ihnen auch eine Radkappe entgegen.
Und dann wieder Robert und dann noch einmal
Karl. Bis vier glänzende Radkappen vor ihnen liegen, alle mit einem Mercedes-Stern in der Mitte.

„Die haben wir gefunden", erklärt Robert.

„Genau", bestätigt Karl. „Gefunden. Die lagen
da einfach so auf der Straße rum."

„Nicht unser Problem", meint Fabian und zieht
Jannis und Jojo mit sich aus dem Schuppen.

„Aber nichts Pia sagen!", rufen die beiden Zahnlücken noch hinter ihnen her.

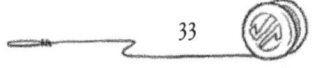

„Hammer", sagt Jannis. „Irgendwann kriegen deine Brüder noch mal richtig Ärger."

„Weiß ich", nickt Fabian. „Aber wenigstens haben sie nicht Monster geklaut."

„Und was machen wir jetzt?", will Jojo wissen.

„Ich hab Hunger", erklärt Jannis und reibt sich mit der Hand über den Bauch. „Wollen wir nicht erst mal was essen und dabei in aller Ruhe überlegen, wie wir weitermachen? Ist deine Mutter zu Hause?" Er guckt Jojo an.

Jojo weiß genau, worauf Jannis hinauswill.

Bei Jannis ist selten jemand zu Hause, und wenn, dann gibt es nur irgendetwas aus der Mikrowelle. Während Jojos Mutter mittags meistens richtig kocht. Deshalb lädt sich Jannis auch gerne einmal bei Jojo zum Mittagessen ein. Aber ausgerechnet heute ist Jojos Mutter auch nicht da.

„Meine Mutter ist bei irgendeiner anderen Lehrerin, um was zu besprechen. Da gibt es irgendein Problem in der Schule."

„Mist", meint Jannis. „Ich hätte richtig Lust auf Kartoffeln mit Soße gehabt."

„Detektive essen keine Kartoffeln mit Soße", sagt Fabian. „Höchstens mal schnell ein paar

Pommes, während sie im Auto sitzen und irgendwelche Verbrecher beschatten."

„Erstens", sagt Jannis und tippt Fabian mit dem Zeigefinger auf die Brust, „wir haben kein Auto. Zweitens, wir beschatten keine Verbrecher, sondern suchen einen Hund. Und drittens, wenn ich nicht gleich was Richtiges zwischen die Kiemen kriege, funktioniert meine Denkmaschine nicht mehr, kapiert?" Er tippt sich an die Stirn. „Blackout. Schwarzes Loch. Nichts mehr zu machen."

„Ich könnte uns ja was zu essen kochen", schlägt Jojo vor.

„Du?!", rufen Jannis und Fabian gleichzeitig. Als hätte Jojo gerade behauptet, dass er fliegen könnte. Oder übers Wasser laufen.

„Klar", sagt Jojo. „Mein Vater ist auch nicht da, wir haben also die Küche für uns allein. Wie wär's mit Spaghetti?"

„Und was dazu?", fragt Jannis sofort.

„Soße Bolognese nach Art des Hauses", sagt Jojo grinsend, als wäre er der Chefkoch in einem Vier-Sterne-Restaurant.

Fabian und Jannis trotten mit offenen Mündern hinter Jojo her bis zu ihm nach Hause. Dann stehen sie ehrfürchtig bei ihm in der Küche und

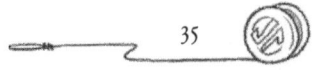

beobachten, wie er das Wasser aufsetzt und Salz und Öl dazugibt. Jojo hat das Gefühl, dass er gerade mal wieder gewaltig in ihrer Achtung gestiegen ist.

Aber als er dann die Soße machen will, muss er feststellen, dass sie zwar jede Menge Zwiebeln und Tomaten da haben, nur leider nicht das kleinste bisschen Hackfleisch. Weshalb ihm gar nichts anderes übrigbleibt, als einfach alle Reste zu nehmen, die er finden kann. Zwei Wiener Würstchen, ein Stück Salami und ein halbes Glas Gurken. Er schneidet alles in kleine Stücke und gibt das Ganze dann zusammen mit dem Rest aus der Ketchupflasche in die Pfanne.

Als es anfängt zu brutzeln, drückt er Jannis einen Holzlöffel in die Hand: „Umrühren!"

Jannis macht sich mit Feuereifer an die Arbeit. Bis Fabian sagt: „Lass mich auch mal!"

Dann rühren sie abwechselnd, während Jojo die Spaghetti in das kochende Wasser rutschen lässt und mit einer Gabel nach unten drückt, bis sie vollständig bedeckt sind.

„Pia hat auch mal gesagt, dass sie für uns kocht", erzählt Fabian, während sie warten. „Und dann hat sie Tee gekocht!"

„Deine Schwester hat eine Macke", erklärt Jannis und leckt sich über die Lippen, als sich der Duft von Jojos selbst gemachter Soße in der Küche ausbreitet.

„Stimmt schon", nickt Fabian, „und Spaghetti mit Soße Dingsda würde sie garantiert nicht hinkriegen."

Jojo stellt die Teller auf den Tisch.

„Wenn ich bitten darf, meine Herren", sagt er. Er schnappt sich die Topflappen, kippt die Spaghetti zum Abtropfen in ein Sieb und dann wieder zurück in den Topf. Schnell reißt er noch eine Tüte mit geriebenem Käse auf, den er fast vergessen hätte. Aber es ist ja auch das erste Mal, dass

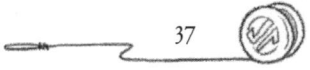

er für andere kocht. Dafür ist es ihm richtig gut gelungen, das findet er selbst. Die Spaghetti sind zwar ein bisschen zu weich und sehen auf den Tellern eher aus wie ein Klumpen Nudelteig. Und er hat eindeutig zu viel Pfeffer an die Soße getan. Aber Fabian und Jannis essen trotzdem jeweils drei volle Teller. Bis sich Fabian zurücklehnt und stöhnt: „Ich kann nicht mehr, Leute. Ich muss aufhören, echt." Er schielt auf seinen Bauch. „Ich sehe ja schon fast aus wie Jannis!"

„Haha", macht Jannis nur und kratzt ungerührt den Rest Soße aus der Pfanne.

Im gleichen Moment klingelt es.

Als Jojo die Tür aufmacht, steht Pia vor ihm. Sie hat wie immer ihre Jeans mit den hundert Löchern und den Sicherheitsnadeln an, die nötig sind, um die Löcher zusammenzuhalten.

Pia zieht prüfend die Luft durch die Nase ein. „Habt ihr Spaghetti mit Soße gegessen?", fragt sie.

„Ja."

„Sieht man."

Pia streckt ihren Zeigefinger aus und wischt einen Soßenfleck von Jojos T-Shirt. Dann leckt sie sich den Finger ab.

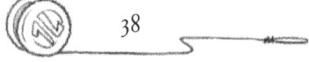

„Ist noch was übrig?", fragt sie weiter, nachdem sie offensichtlich zu dem Ergebnis gekommen ist, dass die Soße gut schmeckt.

„Nein, nichts mehr", sagt Jojo. „Der letzte Rest ist gerade in Jannis' Bauch verschwunden."

Pia grinst und zuckt mit den Schultern. „Schade. Aber ich wollte eigentlich auch nur sagen, dass ich weiß, wo Monster ist. Ihr sucht ihn doch, oder?"

Jannis und Fabian kommen aus der Küche. „Was?" – „Wieso?" – „Wo denn?"

„Schöne Detektive seid ihr", stellt Pia fest. „Schlagt euch hier den Bauch voll und kriegt nichts auf die Reihe!"

„Bei Robert und Karl waren wir schon, falls du das meinst", sagt Jojo.

„Hab ich irgendwas von den beiden Zahnlücken gesagt?", fragt Pia, während sie gleichzeitig den Kopf schüttelt. „Hab ich nicht", gibt sie sich selbst die Antwort. „Los, kommt mit!"

4. Kapitel
Flucht in letzter Minute

Bis zur Tankstelle nehmen sie die Fahrräder. Dann schleichen sie hinter der Werkstatt entlang zum Schrottplatz, wo der von Unkraut halb zugewucherte alte Doppeldeckerbus aus London steht, in dem sie ihr Versteck haben.

Aber Pia will nicht zu dem roten Bus. Sie bückt sich und kriecht durch ein dichtes Gebüsch mit lauter schwarzen Dornen bis zu einem verrosteten Zaun. An einer Stelle ist der Maschendraht hochgebogen und direkt darunter ist eine Kuhle im Boden. Als würden an dieser Stelle manchmal irgendwelche Tiere unter dem Zaun durchkriechen. Kaninchen vielleicht. Oder ein Fuchs. Während sich Jojo noch fragt, wie der Fuchs es wohl geschafft hat, den Maschendraht hochzubiegen, hat sich Pia schon platt auf den Boden gequetscht und schiebt sich unter dem Zaun hindurch. Auf der anderen Seite ist wieder Gebüsch und die Rückwand einer Gartenlaube, mit einer Reihe von Regenwassertonnen aus blauem Kunststoff.

„Spinnst du jetzt endgültig?", fragt Fabian. „Was soll das? Das ist doch die Gartenkolonie. Da hätten wir auch vorn herum gehen können!"

Pia dreht sich um und legt den Zeigefinger auf die Lippen. Dann nickt sie zum Zeichen, dass Jojo und seine Freunde ihr folgen sollen.

Fabian verdreht die Augen und kriecht hinter seiner Schwester her.

„Ohne mich, Leute", erklärt Jannis und schüttelt energisch den Kopf. „Da passe ich nie durch!"

Aber Pia ist schon hinter der Laube verschwunden.

„Du musst", sagt Fabian. „Lass einfach ein bisschen Luft raus!"

„Haha", macht Jannis.

„Los, komm", drängelt Jojo, „wir helfen dir!"

Jojo und Fabian zerren den Maschendraht hoch, bis auch Jannis sich stöhnend auf die andere Seite gequält hat. Jojo wirft noch einen zö-

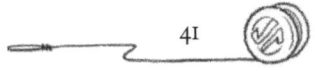

gernden Blick auf seine neue Hose, dann folgt er den anderen.

Pia hockt hinter einem Komposthaufen und späht vorsichtig über die Beete zum nächsten Garten hinüber. Sie kauern sich neben Pia. Niemand ist zu sehen. Nur eine tote Maus liegt mitten auf dem Kompost.

„Hammer!", sagt Jannis. „Eine Leiche!"

Pia hält sich wieder den Zeigefinger auf die Lippen.

„Aber was wollen wir hier?", flüstert Fabian. „Meinst du etwa …"

„… dass Monster hier irgendwo versteckt ist?", bringt Jojo den Satz zu Ende. Weil ihm im gleichen Moment dieselbe Idee gekommen ist: Eine Gartenlaube ist tatsächlich kein schlechtes Versteck. Zum Beispiel, wenn jemand einen Hund gekidnappt hat! In der Gartenkolonie sind eigentlich nur am Wochenende Leute und außerdem sind die Gärten ein Stück von den Wohnhäusern entfernt. Niemand würde irgendetwas Verdächtiges mitkriegen, sogar wenn der Hund bellen würde. Das nächste Grundstück ist der Schrottplatz, und dahinter kommt nur noch der Parkplatz vom Supermarkt.

Pia hat recht!

Wenn jemand Monster am Supermarkt geklaut hat, dann hat er ihn nur die wenigen Meter hintenherum zu den Gärten bringen müssen und schon war alles in Butter. Für den Dieb natürlich, nicht für Monster. Und sie brauchen sich auch nicht mehr zu wundern, weshalb niemand etwas gesehen hat.

„Echt?", flüstert Jannis. „Und wo ist er?" Er blickt sich um, als würde er jeden Moment damit rechnen, dass Monster gleich zwischen den Gemüsebeeten angerannt kommt und ihm übers Gesicht schlecken will.

„Ihr könnt nicht kombinieren, Leute, das ist euer Problem", erklärt Pia leise. „Zuerst muss man natürlich nach dem Motiv fragen, klar?"

Jojo und seine Freunde nicken.

„Also", fährt Pia fort, „warum braucht jemand einen Hund?"

„Weil er einen haben will", schlägt Jannis vor, „ist doch logisch."

„Oder es ist eine ganze Bande, die Lösegeld fordern will", flüstert Jojo.

„Nicht schlecht", nickt Pia. „Aber ich glaube, es ist viel einfacher."

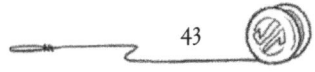

„Okay", überlegt Fabian. „Dann war es vielleicht jemand, der einen Hund haben will, aber kein Geld hat, um sich einen zu kaufen."

„Schon ziemlich heiß", grinst Pia. „Jetzt müssen wir nur noch eins und eins zusammenzählen. Wen kennen wir, der kein Geld hat, aber hier in der Gartenkolonie wohnt?"

„Hier wohnt keiner", erklärt Jannis sofort. „Das sind die Gärten der Leute aus den Mietwohnungen auf der anderen Seite vom Supermarkt, das wisst ihr selber!"

Aber plötzlich schlägt sich Fabian mit der flachen Hand vor den Kopf. „Mann! Hier wohnt ja doch einer!"

„Na endlich", sagt Pia, „wurde aber auch langsam Zeit. Und erinnerst du dich, dass er sogar mal einen Hund hatte? Aber der ist dann gestorben. Und dann ist der Mann wochenlang durch die Gegend gerannt und hat Leckerlis an alle Leute verteilt, die ihre Hunde spazieren geführt haben!"

„Bruno", ruft Jannis, „klar! Da hätten wir auch gleich draufkommen können! Wir haben ihn. Er war's, ganz klar, Bruno!"

„Wer ist Bruno?", fragt Jojo irritiert. Jojo wohnt ja noch nicht so lange in Burgdorf. Er kennt zwar

schon eine ganze Menge Leute, aber von einem, der Bruno heißt, hat er noch nie etwas gehört.

„Klar, kannst du ja nicht wissen", sagt Fabian. „Bruno ist so ein komischer Typ. Und der wohnt hier."

„Eigentlich ist er ein Stadtstreicher", fügt Pia hinzu. „Du weißt schon, so einer, der immer im Flaschencontainer nach Pfandflaschen angelt."

Sie erzählt, dass dieser Bruno die Gartenlaube, in der er wohnt, geerbt hat. Von einer alten Frau, die sonst niemanden hatte, dem sie etwas vererben konnte. Und dass in den Gärten eigentlich keiner wohnen darf. Aber Bruno macht es trotzdem.

„Manche Leute haben ein bisschen Angst vor ihm", sagt Fabian. Jojo ist sofort klar, dass Fabian damit sich selbst meint. Und prompt ergänzt Fabian: „Er sieht auch echt komisch aus! Und er redet total komisch und so."

„Ist doch klar, dass er es war. Es passt alles!", ruft Jannis.

„Genau", nickt Pia. „Und jetzt schnappen wir ihn uns!"

Sie springt auf und rennt gebückt zwischen den Beeten hindurch bis zu den Büschen auf der

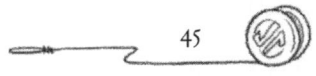

anderen Seite. Dann wirft sie sich flach auf den Boden.

Jojo und seine Freunde rennen hinter ihr her.

„Wir sind gleich da", flüstert Pia. „Leise jetzt!"

Sie robben noch durch zwei andere Gärten, bis Pia wieder flüstert: „Hier! Wir sind da!"

Der Garten sieht ganz anders aus als die Gärten darum herum. Die Obstbäume müssen schon uralt sein, aber an jedem Stamm hängt ein Nistkasten. Und auf jedem Gemüsebeet steht ein Gartenzwerg mit einem Schild in der Hand. *Gurken* kann Jojo entziffern, *Zwiebeln* und *Petersilie*. Außerdem gibt es einen kleinen Teich mit einer Windmühle und einer Bank daneben. Es sieht jedenfalls nicht so aus, als ob hier ein Stadtstreicher wohnen würde, denkt Jojo.

„Riecht ihr das?", fragt Jannis. „Es riecht irgendwie, finde ich."

„Er hat ein Feuer angezündet …" Pia zeigt auf die Gartenlaube. Aus dem Schornstein steigt ein dünner Rauchfaden.

„Oh Mann", stöhnt Jannis entsetzt, „glaubt ihr, er hat Monster geschlachtet und … brät ihn jetzt?"

„Quatsch!" Pia verdreht die Augen.

„Aber warum hat er sonst ein Feuer an?", beharrt Jannis. „Es ist doch noch viel zu warm für ein Feuer!"

„Es sei denn, er will irgendwas verbrennen, was keiner finden soll", überlegt Jojo laut. „Zum Beispiel das Halsband von Monster."

„Oh Mann", murmelt Jannis gleich noch einmal. „Hammer!"

„Pssst!", macht Pia. „Seid mal still, ich höre was!"

„Ich auch", flüstert Fabian.

Jojo hört nichts. Außer Jannis' Schnaufen neben sich.

„Da hat sich gerade was bewegt", flüstert Fabian wieder. „Die Gardine! Ich hab's ganz deutlich gesehen."

Stimmt! Die Gardine bewegt sich. Und plötzlich geht die Tür auf. Im selben Moment dringt laute Opernmusik aus der Hütte. Dann erscheint Bruno im Türrahmen. Er hat einen komischen, schwarzen Hut auf dem Kopf, der ihm viel zu klein ist. Und seine Haare sind viel zu lang. Aber das Seltsamste ist die Hose, die er anhat! Eine alte Anzughose, die ihm fast bis zur Brust reicht und von leuchtend roten Hosenträgern gehalten

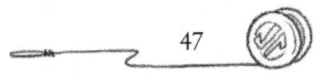

47

wird. Darunter trägt er ein blütenweißes Hemd. Jetzt zieht er irgendetwas hinter seinem Rücken hervor. Und das sieht aus wie …

„Mist! Er hat ein Gewehr!", schreit Jannis entsetzt. „Er will auf uns schießen! Weg hier! Rette

sich wer kann!" Jannis springt auf und rennt los. Mitten durch Brunos Beete zur Gartentür.

„Hinterher!", brüllt Jojo und zerrt Fabian am Arm mit sich. „Los, schnell!"

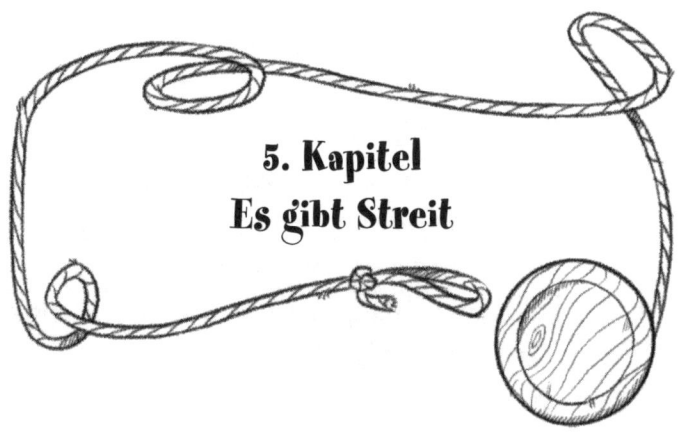

5. Kapitel
Es gibt Streit

Sie halten erst an, als sie aus der Gartenkolonie heraus und wieder am Supermarkt sind.

Keuchend lehnt sich Jojo an eine Mauer. Seine Beine fühlen sich an wie Gummi und seine Knie zittern. So viel Angst wie eben hat er noch nie gehabt.

Die anderen sehen nicht so aus, als ob es ihnen viel besser ginge. Auf Jannis' Stirn glänzen dicke Schweißtropfen und er schnauft, als würde er jeden Moment in Ohnmacht fallen. Fabian ist so weiß wie die frisch gestrichene Raufasertapete bei Jojos Eltern im Wohnzimmer. Und auch Pias große Klappe scheint nicht mehr zu funktionieren. Jedenfalls kaut Pia nur auf ihrer Unterlippe herum und sagt erst einmal gar nichts.

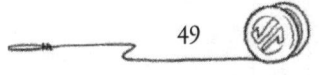

Ein Laster biegt auf den Hof des Supermarkts ein und rangiert rückwärts an die Laderampe heran. Pfennig Junior kommt aus der blau gestrichenen Eisentür, die zur Getränkehalle führt. Als er Jojo und seine Freunde entdeckt, winkt er zu ihnen herüber. „Habt ihr schon was rausgefunden?"

Jojo blickt zu Fabian. Aber Fabian guckt nur auf seine Turnschuhe und tut so, als hätte er die Frage nicht gehört.

„Nein", ruft Jojo zurück und schüttelt den Kopf, „noch nicht!"

„Doch", sagt Pia plötzlich. „Wir wissen, wer es war."

„Was?!" Pfennig Junior kommt mit großen Schritten zu ihnen herüber.

„Sie kennen doch …", setzt Pia an.

„Nein", sagt Jojo schnell und verpasst Pia einen Stoß mit dem Ellbogen. „Nicht!"

Er weiß selbst nicht genau, warum er das macht. Er hat nur irgendwie das Gefühl, dass es falsch wäre, wenn Pia jetzt weiterredet.

„He! Was soll das?", beschwert sich Pia. „Wir wissen doch …"

„Wir wissen gar nichts", wendet sich Jojo an Pfennig Junior. „Wir haben zwar ein paar Spu-

ren, aber wir brauchen noch ein bisschen Zeit, um mehr rauszukriegen."

Pfennig Junior guckt ratlos zwischen Pia und Jojo hin und her. Jojo blickt Pia fest in die Augen. Bis sie den Blick senkt und murmelt: „Stimmt schon. Wir müssen erst noch ein paar Spuren verfolgen und so."

„Und ihr meint nicht, dass wir vielleicht doch besser die Polizei einschalten sollten?", fragt Pfennig Junior jetzt.

„Auf keinen Fall", erklärt Jojo.

Pfennig Junior zuckt mit den Schultern. „Wollt ihr vielleicht eine Cola? Ich spendiere jedem von euch eine Flasche!"

„Keine Zeit", sagt Jojo. „Vielleicht ein anderes Mal. Jetzt müssen wir los, wirklich. Wir melden uns bei Ihnen, sobald wir was wissen!" Er zieht Pia einfach hinter sich her. Jannis und Fabian folgen ihnen mit missmutigen Gesichtern.

„Seid bloß vorsichtig!", ruft Pfennig Junior noch kopfschüttelnd und sieht dabei so aus, als würde er es längst bedauern, Jojo und die anderen um Hilfe gebeten zu haben.

Bei dem Abstellplatz für die Einkaufswagen bleiben Jojo und seine Freunde stehen. Plötzlich

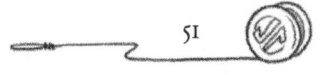

holt Pia aus und boxt Jojo mit der Faust gegen den Arm. Genau vorn auf den Muskel, wo es besonders wehtut. „Das machst du nicht noch mal mit mir, klar!" Sie klingt ziemlich sauer und hat die Augen zu zwei schmalen Schlitzen zusammengekniffen.

„Was?", fragt Jojo ganz ruhig. Obwohl er natürlich genau weiß, was Pia meint.

„Das weißt du ganz genau", antwortet Pia böse. Aber irgendwie ist sie unsicher.

Wahrscheinlich, weil es nicht allzu oft vorkommt, dass jemand nicht macht, was sie will, denkt Jojo.

„He!", mischt sich jetzt Fabian ein. „Meine Schwester hat recht. Was sollte das eben? Und wieso hast du die Cola abgelehnt? Mann, der wollte jedem eine Flasche ausgeben!"

„Weiß ich", sagt Jojo. „Aber noch eine Minute länger und wir hätten uns garantiert irgendwie verplappert."

„Wieso verplappert? Wir wissen doch, was wir wissen!", motzt Fabian.

„Du hast einen Plan, stimmt's?", fragt Jannis und schiebt sich zwischen Jojo und die beiden anderen.

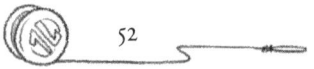

„Ich hab keinen Plan", antwortet Jojo. „Aber wir können auch nicht einfach jedem erzählen, dass es dieser Bruno war. Wir wissen es doch überhaupt nicht!"

„Ach nee?" Fabian tippt sich an die Stirn. „Und warum hat er dann Musik in seiner Bude an? Doch wohl nur, damit keiner hört, wenn Monster kläfft. Das ist doch klar!"

„Außerdem wollte er auf uns schießen", sagt Jannis jetzt. „Du hast das Gewehr doch auch gesehen!"

Jojo schüttelt den Kopf. „Hab ich nicht", sagt er. „Er hat irgendwas hinter seinem Rücken hervorgeholt, aber wir wissen gar nicht genau, was es war. Als du geschrien hast, dass er ein Gewehr hat, sind wir doch alle gleich weggerannt!"

„Ach nee, jetzt bin ich plötzlich schuld, oder was?", fragt Jannis beleidigt.

„Leute, es kann ja sein, dass ihr recht habt", meint Jojo beschwichtigend. „Ich sage doch nur, dass wir es nicht genau wissen."

„Quatsch", stellt Pia fest. „Du hast einfach nur Schiss." Sie dreht sich zu den beiden anderen. „Los, kommt, wir hauen ab. Wir können keinen gebrauchen, der sich gleich in die Hosen macht!"

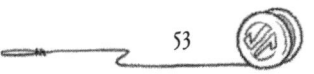

„Genau", nickt Fabian. „Und der uns vor lauter Schiss auch noch um unsere Cola bringt! Eine Flasche für jeden, Mann. Und jetzt haben wir gar nichts! – Was ist, Jannis?", setzt er dann hinzu. „Kommst du mit oder hast du auch Schiss?"

„Aber wohin denn überhaupt?", stammelt Jannis und zerrt nervös an seinen T-Shirts. „Ich meine … ich denke, wir sind doch Freunde?"

Er blickt zu Jojo, als würde er darauf warten, dass der ihm sagt, was er tun soll. Fabian und Pia laufen schon quer über den Parkplatz. Und Jojo sagt nichts.

„Also dann", meint Jannis, „man sieht sich!"

Jojo guckt hinter Jannis her, bis er Fabian und Pia eingeholt hat. Vielleicht haben sie ja recht, denkt Jojo, vielleicht hat er ja wirklich nur Angst. Wahrscheinlich gehen Pia und die anderen jetzt zu Fabians Vater und erzählen ihm alles. Und dann dürfen sie bestimmt mit, wenn die Polizei die Gartenlaube von Bruno umstellt und Monster befreit. Während Jojo zu Hause in seinem Zimmer hockt und darauf wartet, dass irgendeiner kommt, um ihn zum Spielen abzuholen. Das wird aber nicht passieren, weil sie alle damit beschäftigt sind, mit Monster spazieren zu gehen.

Oder Monster ein paar Tricks beizubringen. Alle außer ihm. Weil er gerade eben gewaltigen Mist gebaut hat und jetzt keinen einzigen Freund mehr hat. Noch nicht einmal mehr Jannis …

Jojo beißt die Zähne zusammen. Jetzt bloß nicht heulen, denkt er. Die Leute auf dem Parkplatz gucken schon komisch.

Jojo holt sein Jo-Jo aus der Tasche. Er startet seinen Wurf auf Hüfthöhe und schnellt das Jo-Jo seitlich nach oben. Aber dann fängt er es nicht auf, sondern lässt es an seiner Hand vorbeikreisen und gibt ihm im selben Moment mit dem Mittelfinger neuen Schwung. Jetzt müsste das Jo-Jo eigentlich einen Looping machen. Tut es aber nicht. Es sackt wie ein Stein nach unten und hängt dann zitternd an der gespannten Schnur.

„Das war ja wohl nichts", sagt ein Mann, der gerade seinen Einkaufswagen an Jojo vorbeischiebt. „Ich fürchte, du musst noch ein bisschen üben, bevor du im Zirkus auftreten kannst." Der Mann lacht, als hätte er einen besonders guten Witz gemacht.

Jojo gibt keine Antwort. Stattdessen wirft er eine Mondrakete. Das Jo-Jo surrt an der Schnurr nach oben, bis die Kordel zu Ende ist. Ganz cool

schiebt Jojo ein rechtes Bein vor und fängt das Jo-Jo mit der Tasche seiner Cargohose auf.

Dem Mann mit dem Einkaufswagen bleibt vor Überraschung der Mund offen stehen.

„So macht man das nämlich im Zirkus", sagt Jojo. „Man versemmelt den ersten Trick, damit alle kapieren, wie schwierig das ist. Und dann zeigt man einen echt schwierigen Trick und – zack! – bleibt den Leuten der Mund offen stehen."

Zufrieden schiebt Jojo die Hände in die Hosentaschen und schlurft los. Ungefähr so wie James Bond, nachdem er die Welt gerettet hat.

An der Imbissbude stehen immer noch Alex und die großen Jungen. Aber Jojo tut so, als würde er sie gar nicht sehen. Als Alex ihm eine leere Coladose genau vor die Füße kickt, tritt er nur kurz zu, ohne richtig zu zielen. Die Dose fliegt trotzdem in hohem Bogen über den Fußweg und landet genau in dem Papierkorb, der am nächsten Laternenpfahl hängt. Wow! So ein Schuss ist ihm noch nie gelungen. Und er hat auch keine Ahnung, wie er das eben hingekriegt hat.

Aber Alex und seine Kumpels sind eindeutig verblüfft. Sie klatschen sogar Beifall! Aber dann sagt Alex: „Wetten, dass das nur Zufall war?"

„War es nicht", widerspricht Jojo.

„Dann mach es noch mal", verlangt Alex. „Als Beweis." Er greift in den Papierkorb, um die Coladose wieder herauszuholen.

„Ich zeig euch den Trick morgen", sagt Jojo. „Aber ihr könnt ja so lange schon mal üben." Dann geht er einfach weiter, ohne sich weiter um Alex und seine Kumpels zu kümmern.

Als er um die Ecke biegt, liegt eine zusammengeknüllte Papiertüte auf dem Fußweg. Jojo guckt sich um. Weit und breit ist keiner zu sehen. Er holt aus und tritt zu. Genau wie eben. Aber blöderweise ist in der Tüte noch etwas drin. Das konnte Jojo natürlich nicht wissen. Und jetzt hat er einen halben Hamburger an seinem Turnschuh kleben, mit Ketchup und Gurken und gelben Käsefäden!

Das ist auch das erste, was seiner Mutter auffällt, als er zur Tür hereinkommt. Noch bevor sie die Grasflecken und den Dreck auf seiner neuen Hose entdeckt.

Sabine verdreht die Augen, als würde ihr Jojos Anblick endgültig den Rest geben. Was Jojo reichlich übertrieben findet. Und als Sabine sich auch noch aufregt, dass ihre Küche ausgesehen

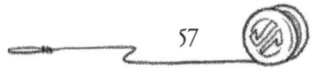

hätte wie der letzte Schweinestall, sagt Jojo nur:
„Und wie war dein Tag so?"

Während seine Mutter noch empört nach Luft schnappt, kommt Jojos Vater zur Tür herein. Als Jojo die Grashalme auf seinen Hosenbeinen sieht, ahnt er schon, dass der Ärger jetzt erst richtig anfängt. Leider hat er recht. Wenn Jojo es richtig versteht, geht es darum, dass sein Vater den halben Nachmittag lang zusammen mit Jannis' Vater den Rasen hinter Jannis' Haus zu Ende gemäht hat.

„Obwohl ich wirklich was Besseres zu tun gehabt hätte", schimpft er. „Aber Mirek war stinksauer. Ich konnte ihn nur mit Mühe beruhigen."

Mirek ist Jannis' Vater. Und offensichtlich bekommen Jannis' Eltern heute Abend Gäste und wollen eine Gartenparty feiern.

„Was habt ihr euch nur dabei gedacht?", fragt Wilfried und schüttelt verständnislos den Kopf. „Ihr könnt doch nicht etwas anfangen und dann mittendrin einfach alles stehen und liegen lassen!"

„Das war ja nur wegen Fabian", versucht Jojo zu erklären. „Er hat uns einen Job besorgt, mit dem wir richtig viel Geld verdienen können, aber dann war Monster weg, und jetzt ..."

Und dann muss Jojo schlucken und fängt plötzlich tatsächlich an zu heulen. Obwohl er es gar nicht will. Er weiß auch gar nicht genau, warum er überhaupt heult. Und es ist ihm auch irgendwie peinlich, dass er sich benimmt wie ein Fünfjähriger. Aber er kann nichts dagegen machen. „Burgdorf ist doof", schluchzt er. „Und die Leute hier sind auch doof. Ich will wieder zurück in die Stadt!"

6. Kapitel
Ein nächtliches Treffen

Es dauert eine ganze Weile, bis seine Eltern alles kapiert haben. Dass Monster verschwunden ist. Dass Jojo sich mit seinen Freunden gestritten hat. Und dass er jetzt wahrscheinlich gar keine Freunde mehr hat.

„Jetzt mal langsam", sagt Wilfried. „Das hast du völlig richtig gemacht. Natürlich könnt ihr nicht losgehen und behaupten, dieser Bruno hätte Monster geklaut. Dafür gibt es keinen Beweis und man kann nicht einfach jemanden verurteilen, nur weil er ..." Er guckt Hilfe suchend zu Sabine.

„In einer Gartenlaube wohnt, zum Beispiel", redet Sabine weiter, „und sich vielleicht ein bisschen anders benimmt, als die Leute es für normal halten. Aber", setzt sie gleich noch hinzu, „ich möchte auch nicht, dass mein Sohn auf eigene Faust Detektiv spielt! Für so was ist nämlich die Polizei da. Haben wir uns verstanden?"

Jojo nickt und wischt sich die Tränen ab. Aber im nächsten Moment muss er auch schon alle Überzeugungskraft aufbieten, um seinen Vater davon abzuhalten, sofort zu Jannis, Fabian und Pia zu marschieren, um ihnen die Meinung zu sagen. Und seine Mutter möchte am liebsten los und Pfennig Junior die Meinung sagen. Dass es nämlich unverantwortlich ist, drei kleine Jungen auf die Spur irgendwelcher Schwerverbrecher zu hetzen, wie sie empört feststellt.

„So war es ja nun auch wieder nicht", lenkt Jojo ein. „Erstens sind wir nicht klein und zweitens haben wir ihm ja selbst vorgeschlagen, Monster zu suchen."

„Trotzdem", sagt Sabine. „Das geht nicht."

Nach langem Hin und Her können sie sich endlich darauf einigen, dass Jojos Eltern erst einmal gar nichts machen. Und dass Jojo am nächsten Tag noch einmal versuchen soll, mit den anderen zu reden, damit sie sich wieder vertragen.

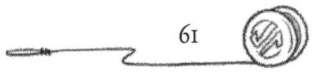

„Vielleicht geht ihr dann wirklich mal zu Fabians Vater und fragt ihn, wie man nun am besten vorgehen sollte", sagt Wilfried. „Aber für heute ist erst mal Schluss." Er guckt auf die Uhr. „Zeit fürs Bett, würde ich sagen …"

„Nein." Sabine schüttelt den Kopf und guckt Jojo von oben bis unten an. „Nicht, bevor du geduscht hast!"

„Mit allen Klamotten?", fragt Jojo und kann schon wieder grinsen. Irgendwie ist es ein gutes Gefühl, dass er mit seinen Eltern über alles reden kann. Und vielleicht haben sie ja tatsächlich recht damit, dass morgen alles schon wieder anders aussieht. Vielleicht ist es auch gar nicht so schlimm, dass er sich mit Jannis und Fabian gestritten hat. Das passiert eben manchmal, selbst bei den besten Freunden.

Eine Stunde später liegt Jojo in seinem Bett unter dem grünen Vorhang mit den Papageien. Seine Mutter hat ihm noch einen Gutenachtkuss gegeben und ist dann mit seinen Dreckklamotten in den Keller gegangen, um sie in die Waschmaschine zu stopfen.

Vor dem Fenster singt eine Amsel und aus Jannis' Garten dringt Musik herüber. Aber da ist noch ein anderes Geräusch. Eben schon wieder. Als hätte jemand einen kleinen Stein aufs Dach geworfen, der über die Dachziegel nach unten rollt und klappernd in der Regenrinne liegen bleibt.

Da! Diesmal war das Geräusch an der Fensterscheibe!

Jojo steht auf und schiebt vorsichtig den Vorhang beiseite. Draußen ist es immer noch hell. Trotzdem ist über Fabians Haus schon der Mond zu sehen. Jojo beugt sich vor, sodass er auf die Straße blicken kann. Er braucht einen Augenblick, bis er Jannis im Schatten der Hecke entdeckt. Gerade holt Jannis wieder aus, um den nächsten Kieselstein zu werfen. Als er Jojo sieht, winkt er und schneidet irgendwelche Grimassen.

Gerade will Jojo das Fenster aufmachen, da hört er seinen Vater die Treppe hochkommen.

Jojo kriecht schnell wieder unter die Bettdecke.

Wilfried steckt den Kopf zur Tür herein. „Sabine und ich gehen eben noch mal kurz zu Mirek rüber. Wenn irgendwas ist, weißt du ja, wo du uns findest."

„Okay", murmelt Jojo und tut so, als würde er schon fast schlafen.

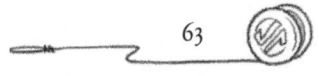

„Gute Nacht.“

Rums!, klatscht im gleichen Moment ein Erdklumpen gegen die Fensterscheibe.

„Was war das?“, fragt Jojos Vater irritiert.

„Ich hab nichts gehört“, gähnt Jojo und zieht sich die Decke bis unters Kinn.

„Komisch“, wundert sich Wilfried. „Es klang fast so, als wäre etwas gegen dein Fenster geknallt.“

„Hab nichts gehört“, wiederholt Jojo leise und gähnt gleich noch einmal.

„Also dann“, sagt sein Vater und macht die Tür hinter sich zu.

Jojo wartet, bis er die Treppe hinuntergegangen ist. Dann springt er hoch und reißt das Fenster auf – und kann sich gerade noch ducken, als der nächste Erdklumpen mitten im Zimmer landet.

„Hör auf!“, ruft Jojo leise. „Ich bin ja schon da!“

„Komm runter, schnell! Es geht um Leben und Tod!“, ruft Jannis von unten.

„Gib mir eine Minute.“ Jojo zieht sich hastig eine alte Jeans über, schiebt sein Jo-Jo in die Tasche und schlüpft in seine Turnschuhe. Im Raus-

gehen greift er nach einem T-Shirt und zieht es sich über, dann schleicht er die Treppe hinunter. Er hört gerade noch, wie seine Eltern leise die Terrassentür hinter sich zu machen. Um ihn ja nicht zu wecken! Jojo muss ein bisschen kichern.

Genauso leise drückt er sich durch die Haustür in den Vorgarten.

„Was ist los?", fragt er, als Jannis ihn in den Schatten der Hecke zieht.

„Ich hab meine Uhr verloren", erklärt Jannis und sieht aus, als würde er gleich losheulen. „Eine echte Timex, mit Datum und allem. Die hat mir mein Vater aus Amerika mitgebracht."

„Ja und?", wundert sich Jojo. „Was soll ich da jetzt machen?"

„Du musst mir helfen, sie zu suchen. Ich geh da nicht noch mal allein hin, du musst mit!"

„Aber wohin denn überhaupt?"

„Zu Bruno natürlich! Ich glaube, ich hab sie verloren, als wir weggerannt sind. Wenn mein Vater das rauskriegt, bin ich dran."

„Also jetzt mal langsam", sagt Jojo. „Du hast deine Uhr verloren …"

„Eine echte Timex, mit Datum!", wiederholt Jannis.

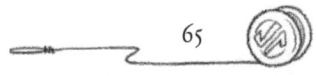

„Und du meinst, das war bei Bruno im Garten. Und jetzt willst du, dass ich mit dir da hingehe?"

„Du musst mit", fordert Jannis, „allein traue ich mich nicht."

Jojo überlegt einen Moment. So ganz kapiert er das Ganze noch nicht. Aber Jannis scheint völlig fertig zu sein.

Und jetzt sagt er auch noch: „Du bist doch mein Freund, oder?"

Jojo nickt. „Klar, es ist nur …"

„Komm mit, bitte", fleht Jannis. „Deine Eltern sitzen doch bei uns im Garten. Die kriegen es gar nicht mit, wenn du nicht da bist. Und wir rennen nur schnell mal hin und gucken, ob die Uhr da irgendwo liegt. Bestimmt ist Bruno in seiner Laube, da kann uns also gar nichts passieren."

„Überredet", sagt Jojo. „Aber wir müssen uns beeilen!"

„Sag ich doch." Jannis grinst erleichtert.

Aber dann sind sie noch nicht einmal um die nächste Ecke, da bleibt Jojo plötzlich stehen.

„Was ist?", fragt Jannis.

„Ich weiß nicht", antwortet Jojo.

Jojo ist sich nicht sicher, wie er das sagen soll, was er sagen will. Dass er eigentlich lieber nicht

zu Bruno will. Weil er seinen Eltern ja versprochen hat, genau so etwas nicht zu machen. Irgendwo hinzugehen, ohne dass sie etwas davon wissen. Und dann auch noch, wenn sie denken, er
würde in seinem Bett liegen und schlafen!

„Du hast echt Schiss, das ist es", stellt Jannis
fest.

„Aber du nicht, oder was?", fragt Jojo.

„Das ist ganz was anderes", erklärt Jannis. „Ich
bin nicht so cool wie du. Ich kann ja noch nicht
mal Jo-Jo spielen!"

„Ich kann auch nur ein paar Tricks", rutscht es
Jojo heraus, bevor er überhaupt richtig nachdenken kann. „Und manchmal klappt einer auch
nicht. Vorhin, zum Beispiel, da habe ich einen
simplen Loop versemmelt."

Jannis starrt ihn an, als ob er gerade verkündet
hätte, dass er in Wirklichkeit nur ein Bein hat.
„Hammer", meint er.

„Ist eben so", sagt Jojo und zuckt mit den
Schultern. „Aber du musst es ja nicht unbedingt
den anderen erzählen."

„Hammer", wiederholt Jannis.

Von irgendwoher kommt ein Pfiff. Jojo und
Jannis drehen sich um. Fabian kommt ihnen

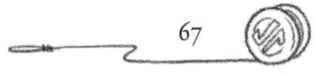

über die Straße entgegen. In der Hand hat er einen Stapel Zettel.

„Was machst du denn noch hier?", fragt Jannis verblüfft. „Es ist doch schon mindestens zehn!"

„Es ist Samstag, oder?", fragt Fabian zurück. „Da müssen nur Babys vor elf ins Bett. Und außerdem musste ich noch arbeiten! Hier, guck selber …"

Fabian hält den beiden einen Zettel hin. Der Zettel ist eng mit Filzstift beschrieben. Die Buchstaben sind zwar ein bisschen krakelig, aber trotzdem gut zu lesen.

Hund entlaufen!
Hört auf den Namen Monster.
Besonderes kennzeichen:
Leckt jedem übers Gesicht! Wer was weiß, bitte bei Fabian oder Jannis oder Jojo melden. Telefon 6429

„Hä?", macht Jannis.

„Ich habe mit meinem Vater geredet", sagt Fabian, „und der meint, dass Monster vielleicht gar nicht geklaut wurde, sondern einfach nur abgehauen ist. Außerdem war er ganz schön sauer."

„Wer?", will Jannis wissen. „Monster?"

„Mein Vater natürlich! Wegen Bruno, weil wir gedacht haben, der hätte was damit zu tun. Mein Vater hat gesagt, bei der Polizei kennen sie Bruno. Er wäre zwar ein bisschen komisch, aber er würde keiner Fliege was zuleide tun."

„Aber Monster ist ja auch ein Hund und keine Fliege!", beharrt Jannis. „Und außerdem hatte er ein Gewehr. Bruno, meine ich!"

Aber Fabian achtet gar nicht auf ihn. Er sagt leise zu Jojo: „Tut mir leid wegen heute Nachmittag. War nicht so gemeint." Er guckt ihn zwar nicht an dabei, aber Jojo weiß auch so, wovon er redet.

„Längst vergessen", sagt er großzügig. Aber dann fällt ihm doch noch etwas ein. „Was ist mit Pia?", fragt er. Weil er sich nicht so ganz vorstellen kann, dass Pia einfach aufgegeben haben soll.

Hat sie auch nicht.

„Sie sitzt in ihrem Zimmer und ist sauer", grinst Fabian. „Das war echt gut heute Nachmittag, Alter", sagt er dann. „Das hat sich noch keiner getraut, irgendwas gegen meine Schwester zu sagen. Nicht mal Alex! Geschieht ihr mal ganz recht, der alten Mistbiene."

Jojo zuckt mit den Schultern. Eigentlich wäre es ihm lieber, wenn Pia nicht mehr sauer wäre. Er hätte sie gerne wieder dabei.

„Was passiert jetzt?", fragt Jannis im selben Moment. „Sollen wir mitten in der Nacht die Zettel aufhängen?"

„Richtig", nickt Fabian. „Damit sie dann morgen früh gleich jeder sieht. Aber wenn ihr ins Bett müsst, kann ich den Job natürlich auch allein machen."

„Ich bin dabei", sagt Jojo schnell. Dann muss er wenigstens nicht in der Gartenkolonie herum-

schleichen, denkt er. Zettel aufzuhängen ist jedenfalls nicht so gefährlich. Außerdem wird es auch
nicht lange dauern, so viele Zettel hat Fabian
nicht.

„Und was ist mit meiner Uhr?", ruft Jannis.
„Das geht nicht, Leute, das könnt ihr nicht machen! Ich fahre morgen früh mit meinen Eltern
zu meiner Tante und da brauche ich meine Uhr!"

7. Kapitel
Jojo hat eine Idee

Jojo holt sein Fahrrad aus der Garage und schiebt es über den Fußweg bis zum Bordstein. Er dreht sich um und winkt seinen Eltern zu, die ihn vom Küchenfenster aus beobachten. Dann guckt er nach links und nach rechts und wieder nach links, bevor er sich in den Sattel schwingt und losstrampelt. Immer schön dicht am Straßenrand, absolut vorschriftsmäßig. Als er an der Tankstelle nach rechts abbiegt, streckt er vorher sogar den Arm heraus. Obwohl außer ihm weit und breit kein Mensch unterwegs ist.

Aber es ist ja auch erst kurz nach neun. Und es ist Sonntag. Die meisten Leute schlafen wahrscheinlich noch. Nur Jannis ist schon weg. Jojo hat ihn vorhin gesehen, als er mit seinen Eltern ins Auto gestiegen ist, um seine Tante zu besuchen. Jannis hat noch einmal schnell zu Jojos Fenster hochgeguckt und auf sein Handgelenk gezeigt. Dahin, wo eigentlich die Timex sein sollte.

Jojo, Jannis und Fabian haben gestern Abend noch hin und her überlegt, wie sie es am besten anstellen, die Uhr wiederzubekommen. Jojo hatte das deutliche Gefühl, dass Fabian auf keinen Fall in die Gartenkolonie wollte. Immer wenn Jannis wieder davon anfing, hat Fabian nur schief geguckt. Und zum Schluss hat er gesagt: „Das passt jetzt echt schlecht. Es ist wichtiger, dass wir erst mal die Zettel aufhängen. Aber pass auf, wir kümmern uns drum! Fahr du mal zu deiner Tante. Und wenn du dann abends zurück bist, ist auch deine Timex wieder da. Und Monster wahrscheinlich auch", hat er noch hinzugefügt und gegrinst. „Wenn die Leute erst mal die Zettel gesehen haben, meldet sich garantiert einer, der was weiß!"

Dann haben sie die Zettel aufgehängt und ausgemacht, dass Fabian am nächsten Morgen auf jeden Fall zu Hause bleibt und das Telefon bewacht. Falls einer anruft, der Monster gesehen hat. Und Jojo soll irgendwann im Laufe des Vormittags zu ihm herüberkommen, damit sie zusammen einen Plan machen können, wie sie Jannis' Uhr wiederbekommen.

„Du kannst dich auf uns verlassen", hat Fabian noch gesagt. „Wir kriegen das schon hin."

Jannis hat zwar nicht ganz überzeugt ausgesehen, aber ihm ist auch nichts Besseres eingefallen.

Allerdings konnte kein Mensch ahnen, dass Jojos Eltern heute beim Frühstück ausgerechnet auf die Idee mit der Testfahrt kommen mussten. Während sie gerade gemütlich ihre Frühstückseier köpften.

„Ich habe da gestern was in der Zeitung gelesen", hat Wilfried plötzlich gesagt, „und das war überhaupt nicht witzig. Deshalb halte ich es für besser, wenn wir alle zusammen eine kleine Testfahrt machen."

Jojo hat erst gar nicht kapiert, was er meint. Und dann hat Sabine auch noch genickt und gesagt: „Das halte ich für eine sehr gute Idee! Wir unternehmen einen kleinen Ausflug mit den Rädern und dabei achten wir genau darauf, dass wir keine Fehler machen. Na, was meinst du dazu, Jojo?"

„Was?", hat Jojo nur verständnislos gefragt und kurz überlegt, ob es sein könnte, dass bei seinen Eltern irgendetwas nicht mehr so ganz stimmt. Im Kopf. So wie bei Opa Pfennig.

Bis ihm sein Vater den Zeitungsartikel hingeschoben hat. Es ging darum, dass immer mehr Kinder mit ihrem Fahrrad auf dem Schulweg verunglücken. Und so langsam dämmerte Jojo, wovon seine Eltern redeten. Sie wollten mit ihm zusammen Radfahren üben! Und wahrscheinlich überprüfen, ob er auch immer schön den Arm rausstreckt und vor jeder Querstraße anhält. Als ob er nicht schon seit Wochen jeden Tag mit den anderen zur Schule fahren würde. Oder als ob er mindestens dreimal über die Autobahn müsste, über zwei Bahnübergänge und zum Schluss noch quer über die Landebahn des nächsten Flughafens! Dabei ist die Schule gleich nach dem Supermarkt links und dann nur am Bäcker vorbei, die Straße entlang bis zu den Sportplätzen. An einer Straße, auf der höchstens einmal am Tag ein Auto kommt. Wenn überhaupt!

Sehr peinlich das Ganze, fand Jojo jedenfalls. Und dann auch noch den ganzen Weg zusammen mit seinen Eltern! Die womöglich an jeder

Ecke absteigen und die Straße sperren, bevor sie ihren Sohnemann weiterwinken.

„Ich weiß gar nicht, ob ich mich das überhaupt traue", hat Jojo deshalb gesagt. „Und ich bin doch auch noch nie ohne Stützräder gefahren!"

„Was?", hat nun sein Vater verblüfft gefragt.

Aber wenigstens seine Mutter hatte es begriffen. Und etwa eine halbe Stunde später waren sie dann immerhin so weit, dass Jojo den Weg noch einmal für sich allein üben sollte. Aber natürlich ist Sabine im letzten Moment noch eingefallen, dass Jojo dazu unbedingt seinen Helm aufsetzen müsse.

„Der Helm wird nämlich von nun an immer aufgesetzt, dass das klar ist", hat sie gesagt.

Jojo ist jetzt nur froh, dass der Schnellimbiss neben der Tankstelle noch nicht aufhat. Und dass weder Alex noch einer von den anderen großen Jungen da ist. Wenn die ihn sehen könnten, wie er mit dem Helm auf dem Kopf über den Radweg kurvt … Als ob er ein Kleinkind wäre. Oder als ob ihm gleich der Himmel auf den Kopf fallen könnte!

Der Parkplatz vom Supermarkt ist gähnend leer. Jojo biegt vom Radweg ab und dreht ein paar Runden zwischen den Abstellplätzen für die Einkaufswagen. Plötzlich hat er eine Idee. Er guckt sich um, ob er immer noch allein ist. Dann steigt er von seinem Fahrrad. Der Laternenpfahl vor ihm ist genau richtig. Jojo beugt den Kopf nach vorn und haut mit dem Helm vorsichtig gegen das Metall. Und gleich noch einmal ein bisschen stärker. Es macht tock und die Lampe über ihm scheppert leise, sonst passiert nichts.

Jojo geht zwei Meter zurück und nimmt Anlauf. Diesmal knallt es richtig und ehe er sich versieht, sitzt Jojo auch schon auf dem Hintern. Aber sein Kopf tut nicht weh. Null. Nur auf dem Laternenpfahl ist ein kleiner, blauer Farbkratzer von Jojos Helm.

Nicht schlecht, denkt Jojo und rappelt sich hoch. Wenn man also mal gegen einen Laternenpfahl knallt, ist so ein Helm tatsächlich hilfreich. Wahrscheinlich haben seine Eltern sogar recht, denkt er weiter. Ein Helm ist wirklich gar nicht so blöd. Nicht nur bei Laternenpfählen, sondern auch bei einem Zusammenstoß mit einem Auto. Er muss einmal mit seinen Freunden darüber

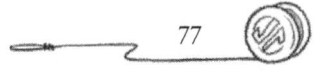

reden. Wenn sie alle einen Helm aufsetzen, ist es auch nicht mehr so peinlich.

Im selben Moment biegt ein Auto auf den Parkplatz ein. Ein dicker Mercedes mit getönten Scheiben. Der Wagen hält genau vor dem Eingang zum Supermarkt, wo er mit laufendem Motor stehen bleibt.

Jojo duckt sich schnell hinter die Einkaufswagen.

Irgendetwas stimmt da nicht! Er überlegt, was er machen soll, wenn jetzt gleich die Autotüren

auffliegen und vier Typen mit Maschinenpistolen den Supermarkt stürmen. In einem Film hat er einmal gesehen, wie jemand heimlich ein Stahlseil um die Hinterachse des Gangsterautos gebunden und an irgendeinem Betonpfosten festgemacht hat. Und als die Gangster dann mit Vollgas abhauen wollten, saßen sie plötzlich auf der Straße und haben ganz schön blöd aus der Wäsche geguckt.

Aber Jojo hat keine Ahnung, wo er so schnell ein Stahlseil herkriegen soll. Und die Gangster in dem Mercedes rühren sich auch nicht. Sie kommen auch nicht mit gezückten Maschinenpistolen aus dem Auto.

Da, jetzt passiert etwas! Die Rückfahrscheinwerfer leuchten auf! Ganz langsam setzt der Mercedes zurück. Um gleich darauf mit quietschenden Reifen wieder vorwärts zu schießen und schlingernd zurück auf die Straße zu fahren.

Jojo starrt noch einen Moment hinter dem Wagen her. Der Mercedes hatte keine Radkappen. Das erinnert Jojo an irgendetwas. Aber er kommt nicht darauf, an was. Er ärgert sich nur, dass er sich vor lauter Aufregung noch nicht einmal das Kennzeichen gemerkt hat. Die ersten beiden Buchstaben waren BU. Für Burgdorf, klar. Aber was dann kam, weiß er nicht. Trotzdem, er muss unbedingt mit Jannis und Fabian darüber reden, falls sie den schwarzen Mercedes noch einmal irgendwo sehen.

Als er an Jannis denkt, fällt ihm plötzlich die Uhr wieder ein. Und dass sie Jannis ja versprochen haben, sich etwas zu überlegen. Eigentlich könnte er auf seiner Testfahrt auch noch schnell durch die Gartenkolonie fahren. Nur so, um wie zufällig kurz bei Bruno über den Zaun zu gucken.

„Keine schlechte Idee", murmelt Jojo vor sich hin und hebt sein Fahrrad auf. Dann versucht er, mit quietschenden Reifen loszufahren, genau wie der Mercedes eben. Was aber nicht klappt, egal wie sehr er sich in die Pedale stemmt. Er rutscht nur mit dem Turnschuh ab und haut sich die Tretkurbel vors Schienbein. Jojo versucht, nur mit dem anderen Bein zu treten, und biegt kurz danach in den Weg zur Gartenkolonie ein.

Radfahren verboten!, steht auf einem Schild. Jojo tut so, als hätte er es nicht gesehen, und fährt weiter. Der Weg ist so schmal, dass er die ganze Zeit links oder rechts an den Hecken entlangstreift. Und in der nächsten Kurve ragt ein dicker Ast genau über den Weg. Jojo kann sich gerade noch ducken. Aber dafür kracht er prompt gegen ein Gartentor, das halb offen steht.

Und hinter dem Gartentor sitzt ausgerechnet Bruno auf seiner Bank!

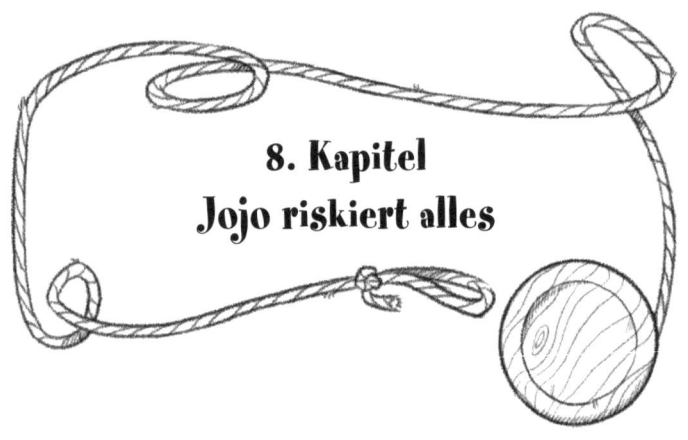

8. Kapitel
Jojo riskiert alles

Bruno dreht sich nicht um, obwohl er unter Garantie gehört hat, dass Jojo gerade fast sein Gartentor platt gewalzt hat.

Jojo rappelt sich auf. Er hat das Gefühl, als hätte jemand etwas gesagt. Bruno, klar. Aber mit wem redet er? Außer den Gartenzwergen ist niemand da.

„Nimm den Hut ab, du Flegel!", hört Jojo jetzt wieder eine Stimme. Das ist gar nicht Bruno, der da spricht! Aber jetzt nimmt Bruno tatsächlich seinen Hut ab.

Da sagt die Stimme schon wieder: „Nimm den Hut ab, du Flegel!" Nun setzt auch Jojo schnell seinen Helm ab.

Bruno schüttelt den Kopf.

Diesmal ist es eindeutig seine Stimme, die sagt: „Noch mal. Du kannst das!" Dann setzt er sich seinen Hut wieder auf.

Und prompt sagt die fremde Stimme: „Nimm den Hut ab, du Flegel!"

Bruno nimmt seinen Hut wieder ab.

Die Stimme sagt: „Na bitte, geht doch. Und jetzt gib Pfötchen!"

Jojo kapiert gar nichts mehr. Aber Bruno scheint zufrieden zu sein. Jedenfalls steht er auf und sagt: „Das reicht für heute, alter Junge. Gut gemacht!"

Bruno redet mit dem Baum vor sich! Und der Baum krächzt erst ein paarmal heiser und ruft dann laut und deutlich: „Das Gold ist in der Truhe!" Erst als Bruno den Arm ausstreckt und zwischen die Äste greift, entdeckt Jojo den Vogelkäfig, der dort hängt.

Jojo holt tief Luft. Es ist ihm deutlich lieber, dass Bruno sich mit einem Vogel unterhält, als wenn er tatsächlich mit dem Baum sprechen würde. Auch wenn das Ganze trotzdem noch komisch ist.

Jetzt dreht sich Bruno um und kommt mit dem Vogelkäfig in der Hand zum Gartentor. Als hätte er die ganze Zeit über gewusst, dass Jojo da ist und ihn beobachtet.

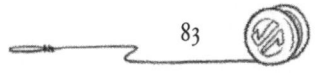

Jojo steht wie festgewachsen. Er weiß nicht, was er machen soll. Um abzuhauen, ist es eindeutig zu spät.

Bruno nickt ihm schon freundlich zu und sagt: „Das ist Cornelius. Ich bringe ihm gerade das Sprechen bei." Er zeigt auf den Vogel, der aufgeregt im Käfig hin und her hüpft.

Ein schwarzer Vogel, ein bisschen größer als eine Amsel und mit einem leuchtend gelben Schnabel. Ein Beo!

Der Beo hält den Kopf schief und guckt Jojo mit seinen Knopfaugen an. Als würde er darauf warten, dass Jojo Hallo sagt.

„Hallo", sagt Jojo. „Tag, Cornelius, äh … also ich bin Jojo, das heißt eigentlich Jonas, Jonas Jostmann, aber …"

Jojo weiß selbst nicht, was mit ihm los ist. Jetzt redet er auch noch mit einem Vogel! Wenn ich das den anderen erzähle, denkt er, besorgen sie mir wahrscheinlich schnellstens einen Platz in der nächsten Irrenanstalt!

„Jojo?", kichert Bruno los. „Wie so ein …"

„Jo-Jo, genau", nickt Jojo.

„Komischer Name", stellt Bruno kopfschüttelnd fest. „Cornelius, was sagst du dazu?"

Cornelius legt den Kopf zur anderen Seite und lässt einen kleinen, grünen Klecks auf den Käfigboden fallen.

„Er hat Salat gefressen", erklärt Bruno.

„Logisch", meint Jojo.

„Von dem Beet da", sagt Bruno und zeigt auf ein Salatbeet, das aussieht, als wäre eine Herde Elefanten mitten hindurchgetrampelt. Überall liegen welke Salatblätter und die Erde ist aufgewühlt.

Jojo hat das ungute Gefühl, als wäre er nicht ganz unschuldig daran, dass von dem Beet nicht mehr viel übrig ist. Die Elefantenherde waren sie selbst, als sie gestern quer durch Brunos Garten abgehauen sind. Er und seine Freunde.

„Warum machen Sie das eigentlich?", fragt Jojo schnell, um Bruno von dem Salatbeet abzulenken. „Das mit Cornelius, meine ich. Dass Sie ihm sprechen beibringen."

„Ich bilde ihn aus", erklärt Bruno stolz. „Jeder Beo macht gerne irgendwelche Geräusche nach. Und es ist gar nicht so schwer, ihn zum Sprechen zu bringen. Man muss es nur oft genug mit ihm üben. Und dann verkaufe ich ihn an jemanden, der vielleicht allein ist und gerne ein bisschen Gesellschaft hätte."

Klingt einleuchtend, findet Jojo. Aber im nächsten Moment schießt ihm ein Gedanke durch den Kopf.

„Machen Sie das auch noch mit anderen Tieren?", fragt er.

Bruno antwortet nicht. Er versteht offensichtlich nicht, worauf Jojo hinauswill. Er guckt nur komisch.

„Also, mit Hunden, zum Beispiel …", macht Jojo vorsichtig weiter.

Bruno fängt wieder an zu kichern. „So ein Quatsch. Das habe ich ja noch nie gehört! Als ob man einem Hund beibringen könnte, irgendwas zu sagen!" Bruno tippt sich an die Stirn.

„Ich dachte ja nur", sagt Jojo. Er ist fast ein bisschen beleidigt. So doof war seine Idee ja nun auch wieder nicht!

Bruno kichert immer noch. Dann sagt er plötzlich: „Kenne ich dich nicht irgendwoher? Dein Gesicht kommt mir so bekannt vor. Als hätte ich dich schon mal gesehen …"

Bruno legt die Stirn in Falten und scheint angestrengt nachzudenken.

Jojo setzt sich schnell seinen Helm wieder auf. „Ich muss weiter", sagt er.

Er will sich gerade auf sein Fahrrad schwingen, als Bruno ruft: „Jetzt hab ich's! Du bist einer von denen, die mir mein Beet zertrampelt haben! Halt! Hier geblieben!" Bruno greift über das Gartentor und hält die Lenkstange von Jojos Fahrrad fest. Der Vogelkäfig in seiner Hand schaukelt bedenklich. Und Cornelius lässt vor Schreck eine ganze Reihe kleiner grüner Kleckse fallen.

Das war's, denkt Jojo. Jetzt hat er mich. Jetzt bin ich dran. Wahrscheinlich sperrt er mich in irgendeinen Käfig und hängt mich in den nächsten Baum. Und dann muss ich ihm dreimal am Tag was vorpfeifen, sonst kriege ich noch nicht einmal verwelkte Salatblätter zu essen …

Jojo schiebt die Hand in die Hosentasche und holt sein Jo-Jo hervor. Er wirft einen Creeper. Das Jo-Jo rollt über den Boden, bis die Schnur zu Ende ist. Genau im richtigen Moment geht Jojo in die Hocke und ruckt kurz mit dem Mittelfinger. Das Jo-Jo kommt zu ihm zurück, als hätte er es gerufen.

Bruno kratzt sich überrascht am Hinterkopf.

Jojo überlegt, ob er jetzt einfach aufspringen und wegrennen soll. Aber da sagt Bruno: „Das war gut! Jetzt sind wir fast quitt."

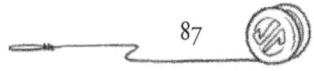

Jojo versteht nicht, was er meint.

„Ich habe dir vorgeführt, was Cornelius kann. Und du hast mir deinen Trick gezeigt. Fast wie im Zirkus! Aber davon wächst mein Salat trotzdem noch nicht. Und deshalb …"

Bruno zeigt auf das Beet. Jojo nickt. Schon klar, denkt er. Eigentlich hat Bruno ja auch recht. Schließlich haben wir ihm das Beet kaputt gemacht.

Eine halbe Stunde später rutscht Jojo immer noch auf den Knien durch das Salatbeet und drückt herausgerissene Pflänzchen wieder fest. Bruno steht mit der Gießkanne hinter ihm und lenkt den Wasserstrahl abwechselnd auf das Beet und auf Jojos Turnschuhe. Mit Absicht, da ist sich Jojo ziemlich sicher! Aber eigentlich ist Bruno ganz in Ordnung. Und das Gewehr, das Jannis angeblich gesehen hat, war nichts anderes als eine lange Stange! Mit einem Haken und einem kleinen Säckchen am oberen Ende. Vorhin hat Jojo gesehen, wie Bruno damit ein paar Äpfel aus dem Baum gepflückt hat. Die hat er sich dann mit Cornelius geteilt. Also wird Cornelius wahrscheinlich demnächst kleine gelbe Kleckse fallen lassen.

Sie haben sich auch schon ein bisschen unterhalten. Bruno und Jojo. Während Jojo auf den Knien durch das Salatbeet gerutscht ist, hat Bruno ihn nämlich ausgefragt. Wer sie sind und wo sie wohnen und warum sie in der Gartenkolonie herumgeschlichen sind. Jojo hat erzählt, dass sie auf der Suche nach Monster waren. Und dass sie ihn immer noch suchen. Davon, dass sie dachten, Bruno hätte Monster gekidnappt, hat er lieber nichts gesagt.

Bruno stellt die Gießkanne ab. „Du kannst Schluss machen", sagt er zu Jojo. „Aber das nächste Mal nehmt ihr gefälligst den Weg. Sonst hetze ich Cornelius auf euch!" Bruno lacht.

„Schon klar", nickt Jojo und klopft sich die Erde von den Knien.

„Sag das auch deinen Kumpels!"

„Mach ich."

„Und wegen Monster ..." Bruno legt wieder die Stirn in Falten.

„Ja?", fragt Jojo.

„Ich glaube, den habe ich gesehen ... Doch, ganz bestimmt sogar. Gestern Mittag. Da ist er da hinten auf der Straße lang gelaufen, die zur Schule führt. Ich habe mich noch gewundert, dass

er allein unterwegs ist. Aber ich hatte keine Zeit, mich darum zu kümmern, weil Cornelius auf seinen Unterricht gewartet hat."

„Logisch", nickt Jojo. „Auf dem Weg zur Schule also?"

„Vielleicht war's auch gleich hinter dem Supermarkt. Oder an dem Zaun zum Schrottplatz. Nein, warte! Jetzt hab ich's! Das war … Nein, tut mir leid, ich weiß nur noch, dass ich ihn irgendwo gesehen habe."

„Na ja", sagt Jojo und zuckt mit den Schultern. „Vielleicht ruft ja jemand an, der ihn gefunden hat."

„Wenn ich du wäre", sagt Bruno und tippt mit seinem Zeigefinger auf Jojos Brust, „weißt du, was ich dann machen würde?"

„N-nein", stottert Jojo.

„Ich würde so tun, als ob ich Monster wäre. Du musst lernen, zu denken wie ein Hund!"

„Aaah ja", sagt Jojo lahm. „Okay, danke für den Tipp."

Bruno nickt, als hätte er Jojo tatsächlich einen Hinweis gegeben, mit dem etwas anzufangen wäre.

Jojo schwingt sich auf sein Fahrrad. „Also dann", sagt er und will gerade losfahren, als Bruno ihn am Arm festhält.

„Wie spät ist es?", fragt er.

„Was? Äh, keine Ahnung, ich … ich hab keine Uhr …", stammelt Jojo.

„Aber ich." Bruno kichert und hat auf einmal eine Uhr in der Hand, die er vor Jojos Gesicht hin- und herpendeln lässt. Eine Timex! Mit Datumsanzeige. Jannis' Uhr! Wegen der er ja eigentlich überhaupt nur hergefahren war.

„Na, wie heißt das Zauberwort?", fragt Bruno.

„Es ist gar nicht meine Uhr", antwortet Jojo. „Aber ich weiß, wem sie gehört", setzt er dann schnell hinzu.

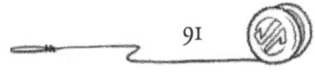

„Das Zauberwort!"

„Bitte", sagt Jojo und streckt die Hand aus.

„Falsch."

Bruno tut so, als würde er die Uhr wieder in seine Tasche stecken wollen.

Hä?, denkt Jojo. Was soll das denn jetzt? Welches Zauberwort meint er dann?

„Nimm den Hut ab, du Flegel!", krächzt Cornelius im gleichen Moment.

Jojo greift nach seinem Helm, um ihn abzusetzen.

Bruno lacht. „Na bitte, geht doch", sagt er und streckt Jojo die Uhr hin.

„Na bitte, geht doch!", krächzt Cornelius. „Und jetzt gibt Pfötchen. Das Gold ist in der Truhe. Nimm den Hut ab, du Flegel!"

Jojo lässt die Uhr in seine Tasche rutschen und winkt noch einmal. Dann tritt er so schnell er kann in die Pedale. So richtig scheint es mit Cornelius' Sprechausbildung noch nicht geklappt zu haben, denkt er. Aber vielleicht hat es auch etwas mit Bruno zu tun. Da scheint ja auch einiges nicht so ganz zu funktionieren.

9. Kapitel
Die Spur führt zum Schrottplatz

Jojo beschließt, am besten gleich nach Hause zu fahren. Der Rest des Schulwegs ist ja sowieso klar, einfach am Bäcker und an den Sportplätzen vorbei, bis es nicht mehr weitergeht. Genauso wie in den ganzen letzten Wochen. Das braucht er nun wirklich nicht mehr zu üben. Und wahrscheinlich machen sich seine Eltern schon Gedanken, wo er so lange bleibt. Vielleicht hat auch inzwischen schon jemand bei Fabian angerufen!

Außerdem muss er Fabian unbedingt von Bruno erzählen. Und ihm Jannis' Uhr zeigen. Fabian wird ganz schön staunen, das ist sicher!

Jojo biegt nach links ab. Kurz vor dem Supermarkt nimmt er den kleinen Trampelpfad, der direkt zum Parkplatz führt. Aus dem Augenwin-

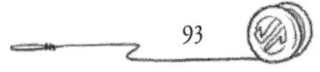

kel sieht er, dass die Tür von Monsters Zwinger immer noch offen steht.

Jojo wird langsamer. Bruno ist wirklich ein komischer Typ, so viel ist klar. Und natürlich war das völliger Quatsch, als er gesagt hat, Jojo müsse lernen, so zu denken wie ein Hund. Bescheuert!

Obwohl … Jojo hält an. Er kann ja zumindest mal in den Zwinger gehen. Nur so. Um zu sehen, ob er vielleicht etwas entdeckt, das ihnen weiterhilft.

Vorn an der Straße fährt ein Linienbus vorbei. Sonst ist niemand zu sehen. Jojo lehnt sein Fahrrad gegen das Gitter. Seinen Helm hängt er an den Lenker. Der Zwinger ist ziemlich groß. Und die Hundehütte, die Pfennig Junior für Monster gebaut hat, sieht richtig gemütlich aus. Jojo bückt sich – und kriecht dann auf allen vieren in die Hütte.

Es ist wirklich gemütlich! Er hat genug Platz, um sich hin und her zu drehen. Er kann sich sogar der Länge nach ausstrecken, fast jedenfalls, er muss nur die Beine ein bisschen anziehen.

Aber als er sich dann umdreht und zum Eingang rausguckt, fühlt er sich trotzdem wie in einem Gefängnis. Egal, wo er hinsieht, überall sind

Gitterstäbe. Eigentlich klar, dass Monster das blöd fand, denkt Jojo. Und als Pfennig Junior das Schloss nicht zugemacht hat, ist Monster wahrscheinlich einfach zur Tür hinausgelaufen.

Jojo rutscht bis zur Tür. Dann zieht er sie zu. Er richtet sich auf und drückt mit den Händen die Klinke herunter, als hätte er zwei Pfoten. Es geht ganz einfach! Quietschend schwingt die Tür wieder auf und Jojo ist frei.

Genauso wird es Monster gemacht haben, denkt Jojo. Und dann ist er einfach über den Trampelpfad verschwunden. Genauso wie Jojo jetzt …

Als er an der Böschung zum Teerweg ist, macht er kurz Pause. Es ist ganz schön anstrengend, auf allen vieren zu laufen! Da, an dem Baum wird Monster wohl geschnüffelt haben. Jojo hat einmal gelesen, dass schnüffeln für Hunde ungefähr so ist wie Zeitunglesen für Menschen. Und dass Hunde sogar noch Nachrichten riechen können, die schon ein paar Wochen alt sind.

Jojo drückt die Nase dicht an den Stamm. Aber er findet trotzdem nicht heraus, ob Monster nun hier war oder nicht. Egal, denkt er, Monster ist garantiert nach rechts gelaufen. Ich wäre jedenfalls nach rechts gelaufen, überlegt er, einfach weil da auch mehr Bäume stehen. Mit neuen Nachrichten! Und dann der Zaun von der Gartenkolonie, mit noch mehr Nachrichten! Jojo überlegt, ob er kurz sein Bein heben soll, wie es bestimmt auch Monster gemacht hat. Aber man soll nichts übertreiben, denkt er dann. Nicht dass ihn noch einer sieht! Die müssten ja denken, er wäre völlig plemplem.

Jojo richtet sich auf. Bruno hat behauptet, dass er Monster auf der Straße zur Schule gesehen hat. Oder an dem Zaun zum Schrottplatz. Wenn ich ein Hund wäre, würde ich jedenfalls lieber zum Schrottplatz laufen als zur Schule. Schrottplatz ist einfach logischer, denkt er. Und in dem Zaun ist ein Loch. Das weiß Jojo, weil das die Stelle ist, an der sie selbst immer zu ihrem Versteck schleichen. Er und seine Freunde. Zu dem alten Doppeldeckerbus aus London.

Vielleicht hat Monster ja einfach ihre Spuren verfolgt!

Jojo läuft bis zur nächsten Ecke, wo der Durchschlupf ist. Und wenn ihn nicht alles täuscht, sind da auf dem Boden Abdrücke von Hundepfoten … Nein, doch nicht. Das sieht eher wie

eine Turnschuhsohle aus. Aber an dem Dornengestrüpp gleich hinter dem Zaun hängen ein paar Haare. Und die Farbe stimmt, das sind Haare von Monsters Fell!

Jojo überlegt kurz, was sein Onkel aus New York jetzt wohl machen würde. Onkel Harry, der Privatdetektiv. Ganz klar, Onkel Harry würde sich erst einmal wieder in seinen roten Ford Mustang setzen und eins und eins zusammenzählen. Und dann einen Plan machen. Aber Jojo hat ja leider keinen Ford Mustang. Also kann er auch nicht lange nachdenken, sondern muss sofort handeln.

Jojo kriecht durch das Loch im Zaun. Außer den Haaren findet er keine weiteren Spuren. Trotzdem ist er sich sicher: Monster war hier!

Jojo schleicht weiter, bis er zwischen den Büschen das rote Blech ihres Doppeldeckerbusses leuchten sieht. Als er vor dem Einstieg des Busses steht, bückt er sich wieder. Er schnüffelt. Es riecht nach altem Dieselöl. Und nach Kaugummi, mit Erdbeergeschmack.

Hä?, denkt Jojo noch, da hört er plötzlich ein Geräusch hinter sich. Dann spürt er eine Hand auf seiner Schulter und jemand sagt: „Geht's dir

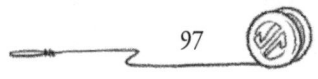

gut oder soll ich besser einen Krankenwagen rufen?"

Jojo kennt die Stimme: Pia!

Er tut so, als hätte er sich nur gebückt, weil er irgendetwas sucht. Aber es klappt nicht.

„Hast du gerade an der Stufe geschnüffelt oder hab ich mich verguckt?", fragt Pia, als sich Jojo zu ihr umdreht.

Sehr peinlich! Jojo stottert nur irgendetwas vor sich hin und merkt, wie er rot wird. Noch peinlicher!

Pia kichert.

Jojo ist schon klar, dass es keinen Zweck hat, Pia das Ganze zu erklären. Und wenn er jetzt mit Bruno anfängt, hält sie ihn endgültig für bescheuert. Für völlig durchgeknallt. Plemplem. Ballaballa.

Pia grinst und lässt eine Kaugummiblase platzen. „Du kannst dich wieder entfärben", sagt sie dann. „Ich erzähl's auch nicht weiter."

„Was machst du hier überhaupt?", fragt Jojo und guckt sich um, ob vielleicht irgendwo auch noch Fabian auftaucht. Oder die beiden Zahnlücken. Oder gar Alex und seine Kumpels. Aber Pia ist offensichtlich allein.

„Nichts weiter", meint Pia. „Ich lauf nur so ein bisschen rum."

Das stimmt garantiert nicht, denkt Jojo. Wenn es jemanden gibt, der niemals einfach nur so in der Gegend herumläuft, ist es jedenfalls Pia.

„Das glaube ich dir nicht", sagt Jojo deshalb auch.

„Mir doch egal", erwidert Pia.

Plötzlich weiß Jojo, weshalb Pia am Sonntagmorgen durch die Gegend läuft. „Du suchst Monster, genau wie ich. Stimmt's?"

Pia gibt keine Antwort, sondern macht nur eine neue Kaugummiblase. Aber gleich darauf

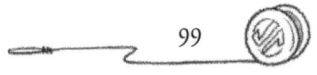

reißt sie die Augen auf und starrt an Jojo vorbei auf den Schrottplatz, als würde da gerade ein UFO mit einer Mannschaft von Außerirdischen zur Landung ansetzen. Jojo dreht sich um.

Das UFO ist ein Polizeiwagen, der natürlich nicht zur Landung ansetzt, sondern nur langsam durch die Schlaglöcher rumpelt. Genau auf ihren Doppeldeckerbus zu!

„Die Polizei!", flüstert Pia, als hätte Jojo das nicht längst selbst gesehen.

Pia zieht ihn die Stufe hoch. Sie ducken sich zwischen die Sitze. Pia legt den Zeigefinger auf die Lippen. Jojo findet, dass sie ein bisschen übertreibt. Schließlich haben sie ja nichts weiter gemacht, als Monster zu suchen. Und dass sie ihr Versteck in dem Doppeldeckerbus haben, brauchen sie ja keinem zu erzählen. Sie sind bei ihrer Suche einfach nur zufällig auf dem Schrottplatz gelandet. Das werden die Polizisten bestimmt kapieren.

Es sei denn, Pia weiß noch etwas, was sie nicht gesagt hat, denkt Jojo. Kann er Pia überhaupt noch trauen? Vielleicht sucht sie Monster ja gar nicht, sondern weiß ganz genau, wo er ist. Weil sie ihn selbst entführt hat! Vielleicht ist er sogar hier im Bus, im oberen Stockwerk? Pia hat Monster gekidnappt und gefesselt und geknebelt und der Bus ist das Versteck! Nein, das kann nicht sein. Das würde Pia nie machen. Und warum auch? Sie hat kein Motiv. Jedenfalls fällt Jojo beim besten Willen keines ein.

Er guckt zu Pia. Pia starrt zur Tür hinaus, wo gerade der Polizeiwagen in Sicht kommt. Aber er hält nicht, sondern fährt ganz langsam weiter. Pia richtet sich vorsichtig auf, um durch die Scheibe zu gucken.

„Puh!", macht sie. „Das war knapp. Sie sind weg. Du kannst wieder aufstehen."

„Aber was wollten sie hier?", fragt Jojo. „Was ist überhaupt los? Warum bist du so nervös geworden?"

Noch bevor Pia antworten kann, hört Jojo wieder ein Geräusch. Diesmal aus dem oberen Stockwerk. Also doch, denkt er, Monster ist da oben, ganz klar. Pia hat ihn entführt!

10. Kapitel
Die Polizei kommt zurück

Jojo hält Pia am Arm fest. „Pia", sagt er, „ich weiß, was los ist. Du hast ihn! Gib's zu!"

„Was?", fragt Pia und starrt Jojo verständnislos an. „Wen soll ich haben?"

Jojo zeigt nur nach oben, ohne etwas zu sagen.

„Wovon redest du?", fragt Pia noch einmal.

Im gleichen Moment kommen zwei Füße die Treppe vom Obergeschoss herunter. Zwei Füße in ausgelatschten Turnschuhen.

„Das war knapp", sagt Fabian, während er die letzten beiden Stufen überspringt. „Sie sind zu dem alten Schuppen neben dem Reifenlager weitergefahren. Ich hab gewartet, bis ich sie nicht mehr sehen konnte. Aber ich glaube, es ist besser, wenn wir jetzt abhauen. Bevor sie zurückkommen."

Fabian hängt also auch mit drin, denkt Jojo. Pia und Fabian haben Monster zusammen entführt!

„Was machst du hier überhaupt?", fragt Fabian jetzt und guckt Jojo kopfschüttelnd an. „Ich hab dich schon von oben gesehen, wie du auf allen vieren an den Bus rangekrochen bist. Hast du Hund gespielt, oder was?"

Jojo gibt keine Antwort. Er wartet darauf, dass Pia gleich sagt: „Er weiß alles. Wir sind aufgeflogen! Er weiß Bescheid."

Aber Pia sagt nichts.

„Mann, Leute", erklärt Jojo. „Jetzt tut doch nicht so. Ich hab's doch längst kapiert, also versucht nicht, mich für blöd zu verkaufen."

Er drängt sich an Fabian vorbei und rennt mit ein paar Sprüngen die steile Treppe hoch. Er ist sich sicher, dass er gleich vor Monster stehen wird. Aber im Obergeschoss starren ihm nur die leeren Sitzreihen entgegen. Von Monster keine Spur! Trotzdem geht Jojo noch einmal von Reihe zu Reihe und guckt auch unter den Sitzbänken nach. Nichts.

Von unten ruft Fabian: „Was ist los mit dir? Komm, wir müssen abhauen, bevor der Streifen-

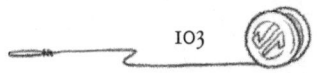

wagen zurückkommt. Mein Vater saß mit drin, ich hab keine Lust, dass er uns hier entdeckt!"

Jojo kapiert gar nichts mehr. Langsam steigt er die Treppe wieder hinunter. „Ich dachte …", setzt er an. Aber dann sagt er lieber nichts von seinem Verdacht, sondern fragt nur: „Was macht ihr überhaupt hier?"

„Dasselbe wie du wahrscheinlich. Monster suchen", sagt Pia.

„Wir denken, dass Monster gar nicht geklaut wurde, sondern einfach nur abgehauen ist", erklärt Fabian. „Also haben wir die beiden Zahnlücken neben das Telefon gesetzt und sind los, um die Gegend noch mal abzusuchen."

„Und wir glauben, dass Monster hier war", ergänzt Pia.

„Wir haben nämlich einen Kauknochen gefunden", fügt Fabian hinzu. „Genau hier." Er zeigt auf den Fußboden vor der Treppe. Dann zieht er als Beweis einen abgekauten Gummiknochen aus seiner Hosentasche. „Alles klar?"

„Ich hab ein paar Hundehaare gefunden", erzählt Jojo. „Die Farbe stimmt."

Pia pfeift beeindruckt.

„Alles klar", nickt Fabian.

Dann hören sie Motorengeräusche. Und gleich darauf kommt der Polizeiwagen zurück. Jojo will gerade wieder in Deckung gehen, da hört er Fabian stammeln: „Oh Mann, was ist das? Ich glaub's nicht. Das kann doch wohl nicht wahr sein!"

Als Jojo sieht, was Fabian meint, bleibt ihm glatt der Mund offen stehen. Das ist der Polizeiwagen von eben, völlig klar, aber hinter dem Lenkrad sitzt kein Polizist, sondern Monster! Er streckt den Kopf zum Seitenfenster hinaus und hechelt. Es sieht aus, als würde er übers ganze Gesicht grinsen. So, als wäre er sehr zufrieden. Als hätte er gerade eben die beiden Polizisten zum Frühstück verspeist und

sich den Streifen- wagen geschnappt. Weil er schon im- mer einmal selbst Auto fahren woll- te, oder so.

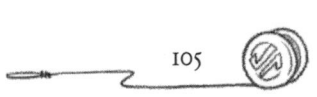

Vielleicht heißt er doch nicht um- sonst Monster, denkt Jojo. Erst als er noch einmal richtig hinguckt, begreift er endlich, was los ist: Monster fährt gar nicht selbst, sondern streckt nur von hinten seinen Kopf an Fabians Vater vorbei!

Jetzt hat Monster Jojo und seine Freunde entdeckt und fängt wie wild an zu bellen. Der Polizeiwagen hält. Fabians Vater macht die Tür auf. Monster quetscht sich winselnd an ihm vorbei und stürzt sich begeistert auf die drei Freunde, um ihnen zur Begrüßung die Gesichter abzuschlecken.

„Monster!", ruft Jojo glücklich. „Da bist du ja!"

„Wo warst du überhaupt?", ruft Fabian lachend. „Wir suchen dich die ganze Zeit!"

„Und wir haben uns schon Sorgen gemacht!", ruft Pia und drückt Monster ganz fest an sich.

„Was macht ihr denn hier?", will Fabians Vater jetzt natürlich wissen.

„Nichts weiter", sagt Pia schnell.

„Nichts weiter", sagt auch Fabian.

„Wir haben Monster gesucht", erklärt Jojo.

„Und wir haben ihn gefunden", sagt die Kollegin von Fabians Vater lachend.

„Aber wo war er?", fragt Jojo, während er versucht, Monster von seinem Gesicht wegzuschieben.

„Der Schrotthändler hat ihn heute Morgen entdeckt", berichtet Fabians Vater. „In dem Schup-

pen neben dem Reifenlager. Da hat Monster es sich gemütlich gemacht. Keine Ahnung, wie er da reingekommen ist."

„Ich weiß es. Er kann Türen aufmachen", sagt Jojo. „Er drückt einfach mit den Vorderpfoten die Klinke runter und fertig!"

Jojo erzählt, dass Monster so auch aus seinem Zwinger abgehauen sein muss. „Ich hab's selber probiert", erklärt er, „es funktioniert!"

„Nicht schlecht", sagt Fabian. „Jetzt wird mir einiges klar. Deshalb bist du auch auf allen vieren angekrochen gekommen! Du hast so getan, als ob du Monster wärst."

„Manchmal muss ein Detektiv auch zu ungewöhnlichen Mitteln greifen", grinst Jojo nur. Und verdächtige schwarze Autos gehören nicht immer zu einem Fall, aber das denkt er nur ganz für sich.

Dann quetschen sich Jojo und seine Freunde zusammen mit Monster auf die Rückbank des Polizeiwagens und Fabians Vater fährt vorsichtig um die Schlaglöcher herum, bis sie wieder auf der Straße sind.

Als sie auf den Parkplatz zum Supermarkt einbiegen, stehen schon Jojos Eltern da. Sie brau-

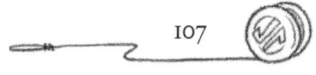

chen erst einmal einen Moment, bis sie sich beruhigt haben. Klar, sie haben sich natürlich Sorgen gemacht, wo Jojo so lange bleibt. Und dann haben sie sein Fahrrad auf dem Parkplatz gefunden, nur keine Spur von Jojo.

„Junge", stöhnt Wilfried, „wir dachten schon …"

Weiter kommt er nicht, weil Monster schwanzwedelnd an ihm hochspringt und ihm einen Begrüßungskuss gibt, genau auf die Nase.

„Wir müssen mit Pfennig Junior reden", sagt Jojo schnell zu Pia und Fabian, „damit Monster nicht zurück in den Zwinger muss!"

„Schon klar", nickt Pia. „Sonst würde er nur wieder abhauen."

Sie grinst Jojo an. Und Jojo grinst zurück.

„Den Fall haben wir jedenfalls gelöst", stellt Fabian fest. „Jannis wird ganz schön staunen."

„Das glaube ich allerdings auch", meint Jojo. Er holt die Timex aus der Tasche und hält sie hoch.

„Mann", staunt Fabian. „Wo hast du die denn gefunden?"

„Detektivarbeit", sagt Jojo und zuckt mit den Schultern. „War eigentlich ganz einfach."

Fabian und Pia gucken ihn an, als würden sie ihm kein Wort glauben.

„Jetzt sag schon", drängelt Pia.

Auch Jojos Eltern wollen natürlich mehr wissen.

Aber Jojo lässt sie schmoren. Stattdessen holt er sein Jo-Jo aus der Tasche und lässt es hoch- und runtersausen. „Ich hab da übrigens so eine Idee", sagt er. „Wenn wir jetzt gleich mit Pfennig Junior reden, dass Monster nicht wieder zurück in den Zwinger muss, dann …"

„Nein, auf keinen Fall!", ruft Jojos Vater entsetzt. „Ich will keinen Hund!"

„Das meine ich doch gar nicht. Ich wollte nur vorschlagen, dass wir vielleicht Opa Pfennig, also, ich meine …"

„Nein!", ruft jetzt Jojos Mutter. „Das ist wirklich nett von dir, Jojo, aber wir haben keine Zeit, um uns um Opa Pfennig zu kümmern."

„Aber ich kenne jemanden, der Zeit hat", erwidert Jojo. „Und ich glaube, Opa Pfennig würde sich freuen, wenn wir ihn da ab und zu hinbringen würden. Vielleicht wenn wir mit Monster spazieren gehen. Es ist echt schön da. Es gibt sogar einen richtigen Teich mit einer Windmühle und jede Menge Zwerge und einen Beo, mit dem man sich fast unterhalten kann …"

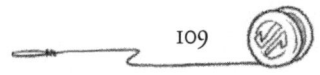

„Und bei wem soll das sein?", fragt Wilfried.

„Ich weiß es", sagt Pia plötzlich.

„Du warst da", platzt Fabian heraus. „Deshalb hast du auch Jannis' Uhr! Hast du etwa auch mit ihm geredet?"

„Klar", nickt Jojo. „Ich hab ihm einen Trick mit meinem Jo-Jo gezeigt. Er ist echt in Ordnung. Wir sind eigentlich schon fast so was wie Freunde."

„Hammer", sagt Fabian.

„Hammer", sagt auch Pia.

„Von wem redet ihr die ganze Zeit?", will Jojos Vater wissen. „Ich blicke überhaupt nicht mehr durch …"

„Macht nichts", grinst Jojo. „Vielleicht nehmen wir euch ja mal mit, dann könnt ihr ihn auch kennenlernen."

Im selben Moment kommt Jannis mit seinem Bananensattel-Fahrrad um die Ecke. Fabian und Pia rennen los, um ihm die neuesten Neuigkeiten zu erzählen.

Jojo beugt sich schnell zu Monster hinunter und flüstert: „Keine Sorge, Monster. Wir reden mit deinem Boss, damit du nicht wieder in den blöden Zwinger zurückmusst. Und ab sofort

wirst du auch garantiert keine Langeweile mehr haben. Es gibt nämlich jede Menge zu tun für uns. Aber jetzt lauf erst mal zu Jannis und sag ihm Guten Tag!"

Monster wedelt mit dem Schwanz, als hätte er jedes Wort verstanden. Dann prescht er los, um Jannis zu begrüßen.